Inhalt – Der Wald

DER WALD

Der Mensch im Wald

Wenn wir eine Zeitreise durch die Wälder machen, dann entdecken wir, dass der Wald – egal ob Laub- oder Tannenwald - für die Menschen immer eine besondere Wirkung hatte.

Die Germanen hielten ihn für einen heiligen Ort und errichteten in den Wäldern Opferstellen. Außerdem jagten sie hier Rehe, Hirsche und Wildschweine.

Im Mittelalter schrumpfte der Wald gefährlich zusammen. Viele Berufe brauchten Holz für ihre Arbeiten. Böttcher, Küfer, Muldenmacher, Tischler, Wagner und Siebmacher verarbeiteten das Holz zu Gegenständen des täglichen Bedarfs. Andere, wie Bäckereien, Ziegeleien, Töpfereien und Köhler brauchten die Hitze des Holzfeuers.

Zeitgleich entstanden viele Geschichten und Märchen wie Rotkäppchen, Schneewittchen, Rumpelstilzchen und Hänsel und Gretel - alle spielten im Wald. Den Kindern wurden diese Märchen erzählt, damit sie nicht alleine in den Wald gingen und sich verliefen.

In Kriegszeiten bot der Wald vielen Menschen die Möglichkeit sich zu verstecken und rettete dadurch viele Leben.

In der jüngeren Vergangenheit entdeckten Manager und Chefs den Wald für sich. Sie fanden dort einen Ort für erlebnispädagogische Spiele und Selbsterfahrungsabenteuer.

Für Kinder entstanden ab 1993 die ersten Waldkindergärten.

Heute gehen viele Erwachsene in den Wald, um sich bewusst zu entspannen. Es gibt „Wald-Fühlungen“, Waldmeditationen und sogar Geburten oder Grabstätten im Wald.

Du siehst – schon immer galt der Wald nicht nur als Lebensraum vieler Tiere und Bäume und als Holzlieferant, sondern er wird von den Menschen auf unterschiedlichste Weise geehrt, gefürchtet, geachtet, genutzt und geliebt.

DER WALD IN ZAHLEN

Die Fichte wächst **am häufigsten** in unseren Wäldern.

unseres Landes ist bewaldet

Der meiste Wald wächst in Bayern.

Über **3000** unterschiedliche Pflanzen wachsen in den Wäldern.

In Deutschland wird **jeder fünfte Baum** zur Papierherstellung gefällt.

Der Hirsch ist das größte Tier im Wald, er kann über **zwei Meter** groß werden.

Über **6000** unterschiedliche Tiere leben in den Wäldern.

50 %

Fast die Hälfte der deutschen Wälder ist in privatem Besitz.

Der **höchste Baum Deutschlands** steht in Freiburg, es ist eine **60 m Hohe Douglasie.**

GUT GERÜSTET

Das brauchst du im Wald:

- ☐ Eine Sitzunterlage; das kann ein Stück Fell sein, ein Stück einer alten Isomatte, oder du filzt dir selbst eine warme Matte.
- ☐ Gute Schuhe; am besten trägst du im Sommer wie im Winter Wanderschuhe, mit Profil und mindestens Knöchelhoch. Denn im Wald ist der Boden uneben, rutschig und manchmal nass; mit guten Wanderschuhen hast du einen guten Halt und trockene Füße.
- ☐ Lange Kleidung; so bist du gut gegen Zecken und Stechmücken geschützt.
- ☐ Kopfbedeckung. Eine Kappe oder Mütze schützt vor Sonne oder Frost.
- ☐ Etwas zu trinken; je nach Jahreszeit etwas Warmes oder Kühles. Achte darauf, dass deine Flasche nicht zerbrechlich ist.
- ☐ Ein gutes Vesper; Expeditionen im Wald sind manchmal anstrengend.
- ☐ Ein Taschenmesser; für jüngere Kinder empfiehlt sich ein Messer ohne Spitze.
- ☐ Einen kleinen Rucksack, der einen guten Halt an deinem Rücken hat, damit du dich gut bewegen kannst und nicht überall hängen bleibst, am besten mit einem Bauchgurt.
- ☐ Eine leere Plastiktüte oder ein alter Baumwollbeutel. Denn wenn du den Müll aus dem Unterholz sammelst rettest du dadurch vielleicht einem kleinen Tier das Leben.

VERHALTEN IM WALD

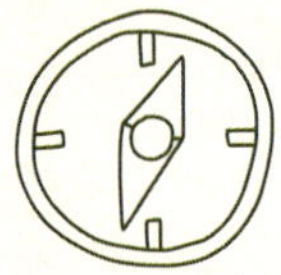

Für einen erlebnisreichen Tag im Wald solltest du ein paar Regeln beachten:

Waldregeln

1 Verlasse den Wald, so wie du ihn angetroffen hast. Lass nichts liegen, was da nicht hingehört. Wenn du Müll von anderen Menschen entdeckst, nimm ihn mit. Schon der kleinste Abfall kann für ein Tier lebensgefährlich sein.

2 Grundsätzlich dürfen in Deutschland alle Wälder betreten werden. Die Pflanzen werden aber besser geschont und können ungestört wachsen, wenn du auf den Wegen bleibst. Meide abgesperrte und umzäunte Wälder. Sie sind entweder in Privatbesitz oder es werden dort Baumarbeiten durchgeführt und das ist sehr gefährlich.

3 Hunde gehören an die Leine. Viele Tiere verstecken sich, wenn sie gestört werden. Ein Hund würde sie vielleicht jagen, und die Tiere müssten flüchten, was einen großen Stress und Kraftaufwand für die Tiere bedeutet.

4 Entfache kein Feuer, denn schon der kleinste Funke kann einen Waldbrand auslösen.

5 Pflücke nur Beeren und Pilze, die du kennst – sie könnten giftig sein! Ernte nur so viel, wie du selbst essen kannst, denn auch für die Tiere sind sie wichtig.

6 Ritze keine Bäume an und breche keine Äste ab. Schon ein kleiner Ritz schädigt den Baum.

7 Besteige keinen Hochsitz. Er gehört den Jägern.

Gefahren im Wald!

- Fuchsbandwurm
- Zecken
- Tote Tiere
- Abhänge
- Feuer
- unbekannte Beeren und Früchte
- Hohe Bäume
- Unwetter/Sturm
- Schneebruch
- Betreten abgesperrter Waldflächen
- Bäume mit Gespinsten, diese können zu Atemnot bei Asthmatikern führen

DEN WALD UNTER DIE LUPE NEHMEN

Schau genau hin.

Achte darauf, dass die Lupe immer an einem sicheren Ort aufbewahrt ist, am besten in einem kleinen Beutel. Wenn du sie aus Versehen an einem sonnigen Ort liegen lässt, kann sie durch ihre Brennglas-Wirkung ein Feuer entfachen.Nach dem Benutzen solltest du sie immer gut reinigen.

Tierspuren

(Trittsiegel und Futterreste)

Such im Wald nach Spuren von Tieren, das können Fußabdrücke, Gewölle, Kot, ein Geweih oder Futterreste sein. Schau dich ganz genau um und sei gespannt, was du entdeckst.

Das Gewölle ist das, was ein Vogel nicht verdauen konnte und deswegen wieder ausspuckt. Du kannst es auseinandernehmen und siehst darin, was der Vogel gefressen hat und nicht verdauen kann.

Das Eichhörnchen, die Maus und viele andere Nagetiere im Wald hinterlassen ihre Fressspuren z.B. an Fichtenzapfen oder sie hinterlassen Reste eines Tannenzapfens, die wie Spindeln aussehen.

Pilze

Schau dir einen Pilz von unten an. Sieht er aus wie ein Ballettkleidchen? Das nennt man Lamellen. Sieht er auf der Unterseite aus wie ein feiner Schwamm? Dann ist es ein Röhrenpilz oder Röhrling. Fertige dir ein Sporenbild an (siehe Anleitung Seite 97) und betrachte das Sporenmuster mit deiner Lupe.

Moose

Um Moose in ihrer vollen Pracht anschauen zu können nimmst du am besten ein bisschen Moos vom Rand einer Moosplatte, legst es auf ein weißes Papier oder ein weißes Stück Stoff, ziehst die feinen Fasern auseinander und betrachtest dann das kleine Pflänzchen im Einzelnen. Wenn du das Moos zu Hause anschauen möchtest, dann verpackst du es in einem Taschentuch und schaust es innerhalb der nächsten zwei Stunden an, bevor es vertrocknet.

Rinde

In einer abgetrennten Baumrinde, die du am Boden findest, kannst du wunderbar die Gänge der Tiere betrachten, die hier mal gewohnt haben. Schau mal, hat der Borkenkäfer sich seine Bahnen durch die Rinde gefressen oder der Specht ein Loch in die Rinde gehackt hat?

Baumstumpf

An einem abgesägten Baumstamm kannst du ganz genau die Jahresringe zählen. Nimm kleine Stecknadeln mit, dann kannst du jeden zehnten Jahresring mit einer Stecknadel markieren und kommst beim Zählen nicht durcheinander.

DER FRÜHLING IM WALD

Mein Frühjahrs-Rucksack:

- ☐ Eine Sitzunterlage
- ☐ Gutes Schuhwerk
- ☐ Taschenmesser
- ☐ Pflaster
- ☐ Rucksack
- ☐ Fernglas
- ☐ Botanisiertrommel (siehe Anleitung S. 21)
- ☐ Ein gutes Vesper (je nach Witterung etwas Warmes zum Trinken)
- ☐ Lupe
- ☐ Eine Schnur für Spiele

FRÜHLINGSBINGO

Jetzt geht's los: Streiche ab, was du im Wald findest.
Wer zuerst drei Kästchen in einer Reihe abgestrichen hat, gewinnt.

Du brauchst:

- eine Kopie dieser Vorlage pro Mitspieler
- einen Stift
- Mitspieler

DOWNLOAD

Feder 	Buschwindröschen 	Stein 
Leberblümchen 	Löwenzahn 	Moos, nur zeigen! 
Spinnennetz 	Schönes Blatt 	Schneckenhaus 

BOTANISIERTROMMEL

Wenn du kleine zerbrechliche Schätze, wie Zapfen, schöne Zweige oder Schneckenhäuser im Wald sammeln möchtest, dann kannst du sie sehr gut in einer Botanisiertrommel transportieren. Die kannst du dir ganz einfach selber bauen.

Du brauchst:

- eine große Blechdose oder eine Chipsrolle mit Deckel
- Acrylfarben
- einen Schraubenzieher
- eine Schnur

1 Bemale dir die Blechdose mit einem schönen Muster, lass die Farbe gut trocknen und bohre mithilfe des Schraubenziehers zwei Löcher für die Schnur.

2 Ziehe die Schnur soweit durch, dass du die Dose an der Schnur locker um deinen Hals hängen kannst, und verknote die Enden an der Dose.

Alte französische Botanisiertrommel

FEEN-BAUM

In früheren Zeiten, als fast alle Menschen noch an Feen und Zwerge glaubten, dachte man, der Holunderbaum sei der direkte Zugang zur Feenwelt. Daher schmückten die Menschen die Holunderbäume mit Streifen aus Kleidungsstücken, banden diese an den Zweigen fest und wünschten sich Unterstützung, Kraft und Wohlwollen der Elementarwesen.

Mach dir doch auch einen Wunschbaum und verziere ihn mit bunten Stoffbändern.

ÜBER STOCK UND STEIN

Du brauchst:

- einen ca. 50 cm langen Ast
- einen Stock, so lang wie ein Besenstiel
- eine Uhr oder eine Stoppuhr

Markiere zuerst eine Wegstrecke, die Kreuz und quer durch den Wald geht. Du kannst dafür einen Stock nehmen und ihn über den Boden ziehen, sodass eine Spur oder Furche entsteht. Lege den Start und den Zielpunkt fest.

Stock-Hockey: Versuche den kürzeren Ast mit dem längeren vom Start zum Ziel zu bewegen. Du darfst den kurzen Ast aber nicht anfassen! Wer den Weg mehr als 1 Meter verlässt muss wieder von vorne beginnen.

KNOBLAUCHRAUKEN-PESTO

Die Knoblauchrauke gilt schon seit 6000 Jahren als Gewürz für Fleisch und Suppen. Alles an ihr ist essbar. Sie trägt auch den Namen „Das Salz der armen Leute".

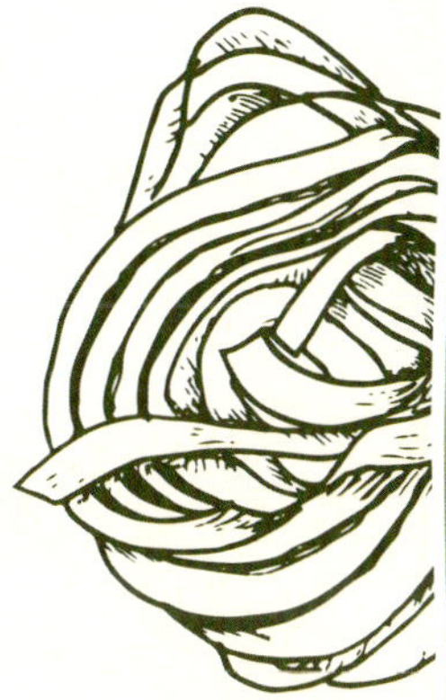

Zutaten:

- 2 Handvoll junge Blätter der Knoblauchrauke
- 1 Handvoll geschälte und gehakte Haselnüsse
- 100-150 g geriebenen Bergkäse
- 1 TL Salz
- 3 EL Olivenöl

So wird das Pesto zubereitet:

Wasche die Rauke, schneide sie in kleine Stücke – oder mit dem Stabmixer pürieren – und vermische sie mit den restlichen Zutaten. Lass dein Pesto ca. 15 Min ziehen, bevor du es verzehrst. Es schmeckt zu Nudeln oder auf Brot.

TIPP

Die Knoblauchrauke passt auch gut in einen Salat.

BLÜTENABDRUCK
IN SALZTEIG ODER LEHM

Du brauchst:

- Blumen, Zweige und Moos aus dem Wald
- Blumenpresse
- Salzteig
- Zahnstocher oder Trinkhalm
- Nudelholz
- Trinkglas
- Backpapier
- Naturbast
- Backofen

1 Sammle dir ein paar schöne Pflanzen und presse sie für einige Tage in der Blumenpresse (oder zwischen Zeitungspapier unter einem schweren Bücherstapel).

2 Welle den Salzteig mithilfe des Nudelholzes ca. 0,5 cm dick aus, dann steche mit dem Glas runde Kreise aus, lege diese auf das Backpapier. Stich jetzt noch ein kleines Loch für die Aufhängung durch. Gut geht das mit einem Trinkhalm oder einem Zahnstocher.

3 Befeuchte die Teig-Kreise mit ein wenig Wasser und lege dann die gepressten Blüten auf und drücke sie gut fest. Backe die Kreise eine halbe Stunde bei 150°C. Wenn deine geschmückten Teig-Kreise ausgekühlt sind, kannst du den Naturbast durch das Loch ziehen und sie aufhängen.

Salzteig Rezept:

Zutaten:

- 2 Tassen Mehl
- 1 Tasse Wasser
- 1 Tasse Salz
- etwas Pflanzenöl

Vermenge die Zutaten in einer Schüssel und knete alles, bis du einen glatten Teig hast.

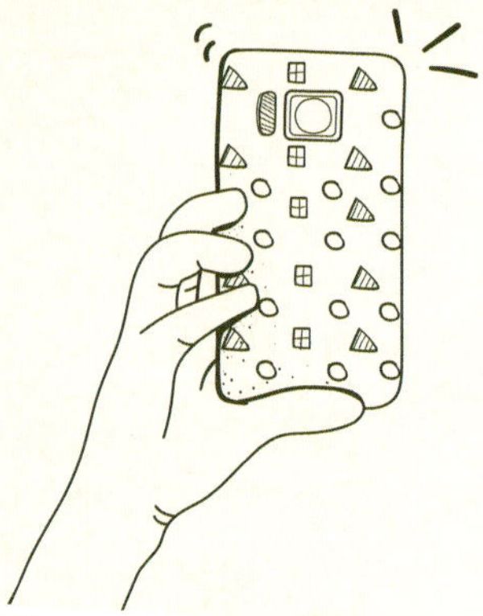

FOTO-RALLY DURCH DEN WALD

Du brauchst:

- Handy oder Polaroidkamera
- Bilderrahmen
- Landkarte
- Mitspieler

Zur Vorbereitung gehst du durch den Wald, suchst ein abwechslungsreiches Gebiet aus und überlegst dir einen Weg. Schieße dabei viele Fotos. Nimm dazu einen Bilderrahmen und halte ihn vor das Objekt.

Die Bilder nummerierst du und trägst die Nummern entweder in eine Landkarte ein oder du fertigst eine gezeichnete Handkarte an. Die Mitspieler müssen nun den Bildern folgen und möglichst schnell an das Ziel gelangen.

Variante der Foto-Rally

Wenn du einen langen Weg planst, kannst du Aufgabenstationen einstreuen. Lass die Teilnehmer selbst Fotos schießen.

- Ein Teilnehmer klettert auf einen Baum
- Ein Teilnehmer legt sich auf den Boden
- Alle Teilnehmer setzen sich auf eine Bank und schneiden Grimassen
- Ein Teilnehmer wird verkleidet
- Ein Teilnehmer ahmt ein Tier nach
- Schießt ein Foto mit einer Blume
- Die Teilnehmer formen mit ihren Fingern einen Baum
- Fotografiert die Schuhe eines anderen Waldbesuchers
- Fotografiert einen schönen Baum
- Fotografiert etwas, was man Essen kann
- Fotografiert etwas, was mit A beginnt
- Fotografiert die schönste Wolke am Himmel
- Fotografiert etwas, was nicht in den Wald gehört

BAUMSÄFTE HÖREN – DEN WALD HÖREN

Du brauchst:

- einen Baum mit einer glatten Rinde, gut eignet sich eine Buche
- ein Stethoskop

Suche an einem Baum eine möglichst glatte Stelle am Stamm aus, lege das Stethoskop an und höre genau hin. Kannst du die Baumsäfte rauschen hören? Im Frühling lässt sich das aufsteigende Wasser besonders gut erlauschen.

BUNTE WALDTIERE

Du brauchst:

- Acrylfarbe und Pinsel (alternativ Ölkreiden)
- Märchenwolle

Wenn du mit aufmerksamen Augen durch den Wald gehst, entdeckst du bald Holzstücke, abgesägte Bäume oder Äste, die dich an ein Tier erinnern.

Nimm dir ein ausgewähltes Stück Holz und lege es auf einen geeigneten Untergrund, dann kannst du schon loslegen mit dem Bemalen. Lass deiner Fantasie freien Lauf!

HOLUNDERBLÜTEN-SIRUP

Zutaten:

- 2 große Töpfe
- 10 große Holunderblütendolden
- 7 Liter Wasser
- 2 ungespritzte Zitronen
- 700g Zucker
- leere (Sprudel-) Flaschen (ca. 7 x 1 Literflaschen)

So wird der Sirup zubereitet:

1 Wenn sich im Frühling die duftenden Holunderblüten wie Schneebälle an den Büschen zeigen, dann ist es Zeit, Holunderblütensirup anzusetzen. Dafür sammelst du zehn große Holunderblütendolden, entfernst kleine Käfer und Blätter, und legst die Dolden in einen Topf.

2 Dann übergießt du die Blüten mit 7 Litern Wasser und gibst die in Scheiben geschnittenen Zitronen dazu. Lass alles ca. 12 Std ziehen und rühre es gelegentlich um. Wenn alles gut duftet, schüttest du den Sud durch ein feines Sieb in den zweiten Kochtopf und kochst ihn mit 700g Zucker auf.

3 Fülle deinen Sirup noch heiß in Flaschen. Holunderblütensirup mit Wasser oder Sprudel schmeckt kalt sehr lecker an heißen Tagen, aber auch heiß mit ein bisschen Zitrone an kalten Wintertagen.

INSTRUMENTE IM WALD

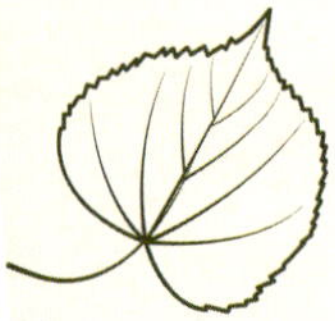

Waldklangspiel

Um Waldinstrumente herzustellen, benötigst du frische Äste, der Klang ist dann deutlich voller.

Suche Äste mit unterschiedlichen Längen, binde sie nebeneinander an einer Schnur fest, und hänge sie zwischen zwei Bäumen auf. Suche dir nun einen weiteren Stock, und schlage die aufgehängten Hölzer an. Probiere verschiedene Hölzer für dein Klangspiel aus.

TIPP

Nimm die Äste nach Hause mit und schnitze die Rinde ab. Bohre mit einem Handboherer Löcher an einem Ende quer durch die Äste, und hänge sie auf – dann hast du ein schönes, selbstgemachtes Klangspiel für dein Zimmer.

Walnusstrommel

Für die Nusstrommel wird die Hälfte einer Walnussschale am breiten Ende und an den Seiten mit einem Taschenmesser eingekerbt. Du schnitzt also vier Einkerbungen.

Binde ein Gummi darum, fixiere es in den Einkerbungen, stecke ein Stäbchen unter dem Gummi durch, in die beiden anderen Einkerbungen und dreht es solange um sich selbst, bis es richtig stramm gespannt ist.

Probiere aus, welche Töne du durch das Anheben und Loslassen des Stäbchens ertönen lassen kannst.

ZWERGENGOLD

Du brauchst:

- Lehm oder Ton
- Halbedelsteine, Holzmurmeln, kleine Gummitierchen oder andere kleine Schätze
- Goldfarbe

1 Forme eine feste Kugel aus dem Lehm um den kleinen Schatz herum, und lass die Kugel nun mindestens 2 Tage trocknen. Anschließend kannst du die Kugel mit Goldlack verzieren.

2 Das Zwergen-Gold kannst du nun als Schatz für ein Spiel im Wald verwenden, wo es von anderen Kindern entdeckt werden kann, oder du verwendest es als Geburtstagsgeschenk für einen guten Freund.

3 Bis die Überraschung, die in der Kugel verborgen ist, zum Vorschein kommt, muss es mit einem Hammer oder Stein bearbeitet werden.

MOOS-GRAFFITI

Du kannst dir Moos auch in die Stadt mitnehmen und anbauen oder deinen Lieblingsbaum mit einem Herz, einer sich windenden Schlange oder einem anderen schönen Muster verzieren, dasselbe geht auch auf Mauern. Bitte dazu immer mit dem Eigentümer sprechen.

Du brauchst:

- Drei Handvoll Moos
- 600 ml lauwarmes Wasser
- 120 ml Buttermilch
- 2 Teelöffel Water-Retention-Gel (du erhältst es im Blumenladen, Bauhaus, oder aus der Füllung einer Babywindel
- 1 Schuss Bier

1 Sammle Moos und schütte alle kleinen Tiere heraus.

2 Alles in den Mixer geben und auf niedriger Stufe 2-5 Minuten mixen. Wenn die Konsistenz einem Trinkjoghurt ähnelt, ist die Mischung perfekt.

3 Male die Moos-Mischung auf Holz oder Beton. Am besten sind feuchte, raue Wände, die im Schatten liegen. Wie wäre es mit eine großen Walddrachen oder einem Eichhörnchen?

4 Jetzt muss das Bild täglich gegossen oder mit einer Sprühflasche angesprüht werden. Das entstehende Moos-Graffiti braucht viel Feuchtigkeit.

5 Nach ein paar Wochen wächst dein Graffiti an.

EIN SPINNENNETZ AUF PAPIER

Du brauchst:

- Babypuder
- schwarzen Karton
- Sprühkleber oder Klarlack

1 Such dir ein schön geformtes Spinnennetz ohne Spinne aus, puste den Puder vorsichtig von deiner Hand auf das Spinnennetz, so lange bis du die Spinnenfäden deutlich erkennen kannst.

2 Jetzt halte den schwarzen Karton hinter das Spinnennetz und hebe ihn vorsichtig an, bis das Netz auf dem Karton liegt.

3 Wenn du das Spinnennetz auf dem Karton aufgefangen hast musst du es mit dem Klarlack besprühen und so fixieren.

PINSEL AUS NATURMATERIAL

Du brauchst:

- 6 gleichlange Äste
- Wasserfarben
- Moos, Kiefernnadeln, Blütenstände

1 Sammle alles ein, womit sich vielleicht malen lässt, z.B. Moose, kleine Äste, Flechten, Gräser oder Kiefernnadeln. Binde sie mit einem Stück Gras, einer Schnur oder Draht zusammen und befestige sie dann an den Stielen.

2 Nun kannst du schon loslegen und mit deinen Naturpinseln malen, streichen und tupfen.

Tipp

Statt der Wasserfarben kannst du aus unterschiedlichen Erden und Wasser verschiedene Naturfarben anrühren.

INSEKTENHOTEL

Mit einem Insektenhotel kannst du dir viele kleine Krabbeltiere nach Hause auf die Terrasse oder den Balkon holen und dort beobachten.

Du brauchst:

- 3-4 Weißblechdosen
- Schilf (aus dem Baumarkt)
- abgefallene Äste, kleine Tannenzapfen, Stroh, markige Stängel wie Brombeere, Holunder.
- Holzleim
- Gartenschere
- Kordel oder Paketband
- Acryl- oder Lackfarben
- Schraubenzieher oder Handbohrer

1 Kontrolliere deine Dosen auf scharfe Ränder und biege diese ggf. um, damit du dich nicht daran verletzt.

2 Zuerst bemalst du die Dosen und lässt die Farbe gut trocknen. Bohre zwei Löcher, jeweils gegenüber von einander, in die Dose und ziehe die Schnur durch.

3 Fülle die Dosen möglichst kompakt mit dem Material. Zum besseren Halt kannst du ein bisschen Holzleim auf den Boden der Dose streichen.

4 Jetzt brauchst du nur noch ein schönes Plätzchen im Garten, im Wald oder am Balkon, um dein Insektenhotel aufzuhängen.

OSTERNEST UND VOGELNEST

Du brauchst:

- dünne Birkenzweige

Forme die Zweige zu einem Kreis und flechte sie ineinander bis das Kränzchen stabil ist. Du kannst deinen Kranz als Türkranz dekorieren oder einen ganz kleinen Kranz flechten und dann ein Ei oder ein Schneckenhaus hineinlegen.

BIENEN AUS ERLENZAPFEN

Du brauchst:

- Erlenzapfen
- Märchenwolle in Gelbtönen
- Transparentpapier oder Butterbrotpapier in Weiß
- Faden
- flüssiger Klebstoff

1 Zuerst entfernst du die Erlenzapfen vorsichtig von den Zweigen und achtest dabei darauf, dass der Stiel einen schönen Stachel abgibt.

2 Dann zupfst du von der Märchenwolle sehr zarte, Stränge ab und wickelst sie zwei- bis dreimal in dünnen Lagen um die Zapfen. Drücke die Wolle fest in die Rillen.

3 Aus dem Papier schneidest du ein zusammenhängendes Flügelpaar in der passenden Größe aus, verdrehst einen Flügel, so dass sich in der Mitte eine Taille ergibt. Diese schmale Stelle des Flügelpaars drückst du nun ebenfalls in eine Rille des Zapfens. Damit es besser hält, kannst du einen Tupfen Klebstoff dazu geben.

4 Mit Nadel und Faden ziehst du vorsichtig einen Faden durch den Zapfen oder die Wolle. Mit dem Faden können die Bienchen an frühlingshaften Zweigen aufgehängt werden.

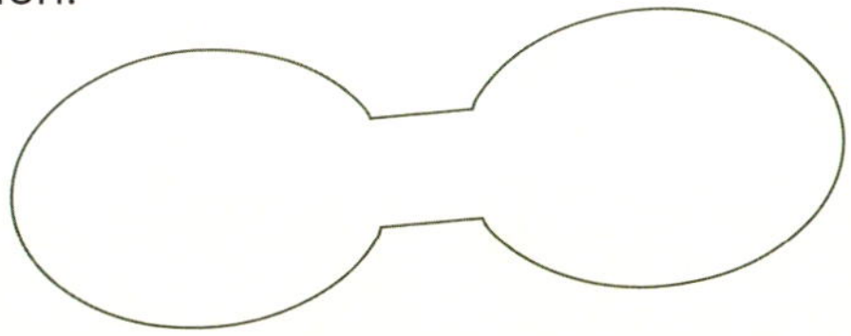

Tipp

Wenn du Lust hast kannst du noch einen Bienenkorb häkeln – dann haben deine Bienen ein Zuhause.

DAS 1x1 DES SCHNITZENS

Im Wald findest du das beste Bastelmaterial gratis: das Holz.

Eltern-Hinweise

- Als Faustregel für die Auswahl des geeigneten Schnitzmessers gilt: die Klingenlänge sollte ungefähr so groß wie die Handfläche sein. Für junge Holzschnitzer ist ein Messer mit feststehender Klinge geeigneter, da jeder Klappmechanismus auch ein Verletzungsrisiko darstellt.
- Kleine Kinder können ihre ersten Schnitzerfolge auch mit einem Gemüse-Sparschäler erlangen.
- Die Kinderbeine schützt man am besten mit einer Lederauflage. Anfänger sollten schnittfeste Schutzhandschuhe tragen.
- Achten Sie darauf, dass die Kinder beim Schnitzen sitzen.

Du brauchst:

- scharfes Messer, am besten mit einer abgerundeten Spitze;
- Schnitzschutz aus Leder
- ggf. Schnittschutz-Handschuhe
- frisches Holz
- einen Baumstumpf, oder eine andere Sitzmöglichkeit
- Pflaster für den Notfall

Jetzt geht es los:

1 Frisches Holz eignet sich zum Schnitzen besser; suche die Gegend nach einem abgesägten Baum ab, wenn möglich keinen gesunden Baum beschädigen. Arbeite immer mit der Wuchsrichtung und entferne zuerst alle Äste, die du nicht brauchst.

2 Dann sind deiner Kreativität keine Grenzen gesetzt: du kannst Zwerge, Zauberstäbe, Wanderstöcke und viele andere Dinge schnitzen.

TIPP

Für kleine Schnitzanfänger eignet sich auch ein Sparschäler gut für erste Schnitzversuche.

Der Sommer im Wald

Mein Sommer-Rucksack:

- ☐ Sitzunterlage
- ☐ Gutes Schuhwerk
- ☐ Schirmmütze
- ☐ Sonnenschutz
- ☐ Insektenschutz
- ☐ Spiegel
- ☐ Vesper
- ☐ Lupe
- ☐ Blumen-Bestimmungsbuch
- ☐ Eine Schlafmaske, um sich auf Geräusche zu konzentrieren.

SOMMERBINGO

Jetzt geht's los: Streiche ab, was du im Wald findest.
Wer zuerst drei Kästchen in einer Reihe abgestrichen hat, gewinnt.

Du brauchst:

- eine Kopie dieser Vorlage pro Mitspieler
- einen Stift
- Mitspieler

DOWNLOAD

Waldbeere 	Gänseblümchen 	Sauerklee 
Schneckenhaus 	Steinchen 	Käfer 
Farn 	Ameise 	Specht 

KIPPEL KAPPEL

Du brauchst:

- einen Stock, 60 cm lang (den Kappel)
- einen etwas dickeren Stock, 15 cm lang (den Kippel)
- eine Furche, die ihr in den Boden kratzt, 20 cm lang (alternativ zwei Stöcke)
- Mitspieler

1 Bildet zwei Mannschaften.

2 Kratzt eine 20 cm lange Furche in den Waldboden. Über diese Rille legt ihr den Kippel. Dann steckt ihr den Kappel unter den Kippel und schleudert ihn soweit ihr nur könnt.

3 Fängt die gegnerische Mannschaft den Kippel, bekommt sie 5 Punkte. Fängt sie ihn nicht, werden ihr 5 Punkte abgezogen. Nach 5 Schleuder-Durchgängen ist wieder die andere Mannschaft dran.

MURMELBAHN

Du brauchst:

- Verschiedene Naturmaterialien wie Äste, Tannenzapfen, größere Steine, Rinden oder Bäume mit Ringschäle
- Murmeln oder Kastanien, Walnüsse oder Hickorynüsse

Zuerst suchst du dir eine erhöhte Stelle aus, z.B. einen Hügel oder Baumstumpf. Dann kannst du schon loslegen mit Rinde, geraden Ästen und Steinen eine Rinne für die Murmeln zu bauen. Wenn es nicht so gut „murmelt“, unterlegst die Bahn mit Fichtenzapfen oder Erde, um ein gutes Gefälle zu erreichen.

Murmeln in der Natur

WALDKUNST

Weben mit Naturmaterialien

Mit einem Waldwebrahmen hast du eine wunderbare Möglichkeit die vielfältigen und interessanten Materialien, die uns der Wald bietet, in verschiedenen Variationen zu verarbeiten und „aufzubewahren". Du kannst alles, was du findest, in deinen Rahmen einweben. Entweder du suchst dir im Wald eine schöne Astgabel aus, in der du aus Naturschnur oder aus Bast die Fäden spannst, oder du biegst dir aus Weiden, Platanen- oder Haselnusszweigen einen kleinen Webrahmen, den du nach Hause mitnehmen kannst.

Du brauchst:

- Eine Astgabel oder biegbare Äste
- Alles, was du im Wald findest
- Eine Naturschnur

1 Spanne die Fäden mit einem Abstand von ca. 5-10 cm, je nachdem wie groß dein Rahmen ist. Dann kann es schon losgehen mit dem Weben.

2 Führe deine Zweige, Gräser oder Federn über und unter die Klettfäden.

Lustige Äste

1 Spanne passende Äste, Weiden oder Platanen zwischen zwei nahe beieinander stehende Baumstämme oder Astgabeln.

2 Du kannst die eingespannten Äste nach Belieben weiter dekorieren. Denke daran, nichts im Wald zurück zu lassen, was dort nicht hingehört.

SPASS MIT KLETTIS
AUS DEM WALD

Du brauchst:

- ein Stück Stoff oder dein T-Shirt
- Klettfrüchte wie Labkraut, Nelkenwurz oder die Blüte der Kardenpflanze

Die Klettpflanze hat kleine Haken an der Blüte, damit verkrallen sie sich und haften am Tierfell und an Kleidung mit grober Oberfläche. Auf diese Weise gehen die Klettfrüchte „auf die Reise".

Die Klettpflanze sieht nicht nur interessant aus, sondern sorgt auch für jede Menge Spaß.

Liefert euch doch eine Kletti-Schlacht!

Anleitung

1 Bildet zwei Mannschaften. Alternativ spielt jeder gegen jeden.

2 Sammelt so viele Klettpflanzen wie möglich und schon geht es los.

3 Jeder versucht seine Klettis auf der Kleidung der anderen Mannschaft zu platzieren.

4 Derjenige der die meisten Klettis beim Gegner in der Kleidung platzieren konnte hat gewonnen.

BARFUSSPFAD

Gestalte deinen eigenen Barfußpfad im Wald

Du brauchst dazu: Gras, Blätter, Reisig, Tannenzapfen, Stöcke, Rinde, verschiedene Steine, Moos, Äste.

Du kannst deinen Barfußpfad in einem Kreis, in Schneckenform, in einer geraden Linie anordnen. Überlege dir eine Strecke und lege sie mit Stöcken ab. Dann kannst du mit den Materialen beginnen: lege z.B. abwechselnd etwas Weiches, etwas Hartes, Angenehmes, Spitziges usw. in deinem Barfußpfad aus. So wird er abwechslungsreich und spannend beim Ausprobieren.

ZWEIGE-MEMORY

Du brauchst:

- Gartenschere oder Schnitzmesser
- 3-4 unterschiedliche Zweige
- Mitspieler

1 Schneidet von mindestens 3-4 verschiedenen Büschen jeweils einen Zweig ab und teilt diesen in zwei Hälften.

2 Legt die Hälften wild durcheinander auf den Boden. Untersucht sie reihum: Was gehört zusammen? Wer hat zuerst ein Paar?

3 Nun nimmt sich jeder Mitspieler einen Zweigabschnitt. Wer spielt das nächste Spiel gemeinsam? Wenn jeder das Gegenstück zu seinem Zweig gefunden hat, suchen die Spielpaare gemeinsam den Busch, von dem der Zweig stammt. Wisst ihr, wie er heißt?

BAUM-SCHAUKEL

Hängt einen Korb mit einer Schnur an einen waagrechten Ast und schwingt ihn hin und her. Bildet mehrere Gruppen. Jede Gruppe sucht sich fünf Fichtenzapfen und versucht abwechselnd sie in den schwingenden Korb zu werfen. Zählt die Treffer laut mit! Die Gruppe, die die meisten Zapfen in den Korb geworfen hat, hat gewonnen.

MONSTER AM BAUM

Du brauchst:

- Ton, oder Lehm aus dem Waldboden
- Einen Baum
- Naturfundstücke

1 Suche dir einen Baum aus, den du mit einem Monstergesicht verzieren willst. Beginne mit den Augen. Drücke den Lehm ganz fest auf die Baumrinde. Dann kannst du weitergestalten: benutze Moos, Flechten, Gras und was du sonst noch findest und mache deinem Monster große buschige Augenbrauen, einen Bart, eine wilde Haarfrisur. So wird dein Monster richtig grummelig.

2 Wenn du mehrere Baummonster gestaltest, kannst du einen ganzen Monsterwald schaffen.

TIPP

Du kannst dein Baummonster fotografieren und als Einladung für eine Gruselparty verwenden.

MÄDESÜSS-GELEE

Bringt Abwechslung aufs Marmeladenbrot und hilft durch die in den Pflanzen enthaltene Salizylsäure sogar bei Kopfweh!

Zutaten:

- viele kleine Mädesüß-Blüten
- 2 Liter klaren Bio-Apfelsaft
- 2 unbehandelte Zitronen
- Etwas Zitronensäure
- 3:1 Gelierzucker
- Topf
- 6-8 Marmeladengläser

So wird das Gelee zubereitet:

1 Sammle an einem sonnigen Tag den benötigten Mädchensüß. Da sich viele kleine Käfer in der Blüte wohlfühlen, legst du deine Blüten auf ein Tablet und wartest, damit die Käfer herauskrabbeln können. Nach Möglichkeit nicht waschen, damit die Blütenpollen erhalten bleiben!

2 Pflücke die Blüten von den Stängeln. Schneide die Zitronen in Scheiben. Lege alles in eine Schüssel und gieße 2 Liter Apfelsaft dazu. Die Blütenmischung muss nun für zwei Tage in den Kühlschrank.

3 Die Blüten und Zitronenscheiben absieben. Koche den Apfelsaft mit Gelierzucker und Zitronensäure auf. Fülle das heiße Gelee in Marmeladengläser und verschließe diese sofort. Stelle sie zum Abkühlen auf den Deckel.

GRASHALM ZIEHEN

Du brauchst:

- langes Gras
- Mitspieler

Wickle dir aus einem langen Grashalm einen Ring und fasse ihn zwischen Daumen und Zeigefinger an. Dein Mitspieler fädelt einen zweiten Ring durch deinen Ring. Achtet darauf, dass die Ringe fest gewickelt sind! Jetzt könnt ihr beide an den Ringen ziehen, mal sehen welcher Ring als Erstes zerreißt.

Auf die Plätze, fertig, los!

AST-HÜPFEN

Du brauchst:

- Hüpfseil
- Holzstück oder Zapfen
- Mitspieler

Binde einen Ast oder einen Fichtenzapfen an eine Schnur. Ein Kind, der Schwinger, schwingt bzw. dreht nun das Seil, um sich herum ein Kreis und die anderen Kinder versuchen über den Zweig oder Zapfen zu springen. Wer getroffen wird, muss ausscheiden.

PERSPEKTIVEN-WECHSEL

Lerne den Wald noch einmal ganz neu kennen. Wie, tragst du dich soll das gehen?

Wechsel doch einfach einmal die Perspektive. Nimm dazu einen Spiegel und lege dich auf den Boden.

Drehe den Spiegel so, dass du durch den Spiegel hindurch den Wald betrachten kannst. Wie sehen die Baumkronen aus? Die dünnen und dicken Baumstämme? Wie fällt das Licht durch die Blätter?

WELCHES TIER BIN ICH?

Du brauchst:

- Zettel
- Stift
- Wäscheklammern
- Mitspieler

Jeder Mitspieler zeichnet verdeckt für einen anderen ein Waldtier auf einen Zettel oder nutzt dafür die heruntergeladenen Tierbilder. Dieses Zettelchen wird mithilfe einer Wäscheklammer außer Sichtweite am Pulli befestigt. Nun beginnt das Rätseln: Reihum werden Fragen gestellt – „Habe ich Hörner?" – die aber nur mit Ja oder Nein beantwortet werden dürfen. Bei einem Nein fragt der Nebensitzer weiter. Wer weiß zuerst, wer er ist?

DOWNLOAD

In unserem Downloadcenter stehen Tierbilder für dich zum Download bereit!

SEIFENBLASEN
MIT BUCHENHOLZ

Du brauchst:

- Buchenast, ca. 10 cm lang, ø ca. 5 cm
- Seifenblasenflüssigkeit
- Becher

Suche dir einen trockenen Buchenast. Gieße etwas von der Seifenblasenflüssigkeit in den Becher. Tunke den Ast einmal leicht in die Flüssigkeit, und puste dann mit ganz viel Kraft von der anderen Seite hinein. Du wirst sehen es beginnt auf der anderen Seite zu blubbern und kleine Seifenblasen bilden sich. Daran siehst du, wie der Baum seine Flüssigkeit transportiert.

TIPP

**Seifenblasenflüssigkeit kannst du ganz einfach selbst herstellen:
Mische 450 ml Liter Wasser, 50 ml Spülmittelkonzentrat und 1 TL Kleisterpulver.**

DIE PERFEKTE VERKLEIDUNG

ACHTUNG: Verwende keine dir unbekannte Pflanze zum Verkleiden, denn es gibt auch giftige oder hautreizende Pflanzen im Wald. Siehe Seite 102-103.

Gewusst? Der Wald bietet uns eine volle Verkleidungskiste! Ratzfatz bist du ein Kobold, eine Elfe oder ein Baumgeist! Schau dich mal um! Zum Verkleiden kannst du Moose, Farne, Tannenreisig und alles benutzen, was du so findest. Am besten ist es natürlich, wenn ihr nicht zu viele frische Blätter, Zweige und Moose abreißt. Mit Gräsern und Draht oder Schnur kannst du deine Verkleidung befestigen. Mach doch mal eine Wald-Modenschau.

FARBEN
ENTDECKEN UND SAMMELN

Du brauchst:

- 6er-Eierschachteln
- Wasserfarben in Rot, Grün, Braun, Schwarz und Orange
- Mitspieler

1 Bereite deine Schachteln schon zu Hause vor, indem du die unterschiedlichen Eiermulden mit jeweils einer Farbe anmalst.

2 Im Wald bekommt jeder Mitspieler – falls ihr euch in Gruppen aufteilt, jede Gruppe – eine Eierschachtel. Auf die Plätze, fertig, los! Wer hat zuerst für jede Farbe ein Objekt gefunden? Nach drei Minuten ist die Runde zu Ende. Hat noch jemand eine Lücke?

3 Nach dem Spiel könnt ihr euch gegenseitig zeigen, wo ihr die Sachen gefunden habt. Vielleicht entdeckt ihr noch etwas anderes?

BÄUMELABYRINTH

Führe einen Freund, dem du die Augen verbunden hast, nacheinander an drei Bäume. Jeder Baum darf eine Minute lang untersucht werden. Wie fühlt er sich an? Der Umfang, die Rindenstruktur, die Wurzeln, die Blätter – alles kann ertastet werden. Oder hat der Baum vielleicht sogar einen speziellen Geruch? Führe den „Blinden" auf einem anderen Weg an den Ausgangsort. Nimm die Augenbinde ab. Findet er seine Bäume sehend wieder?

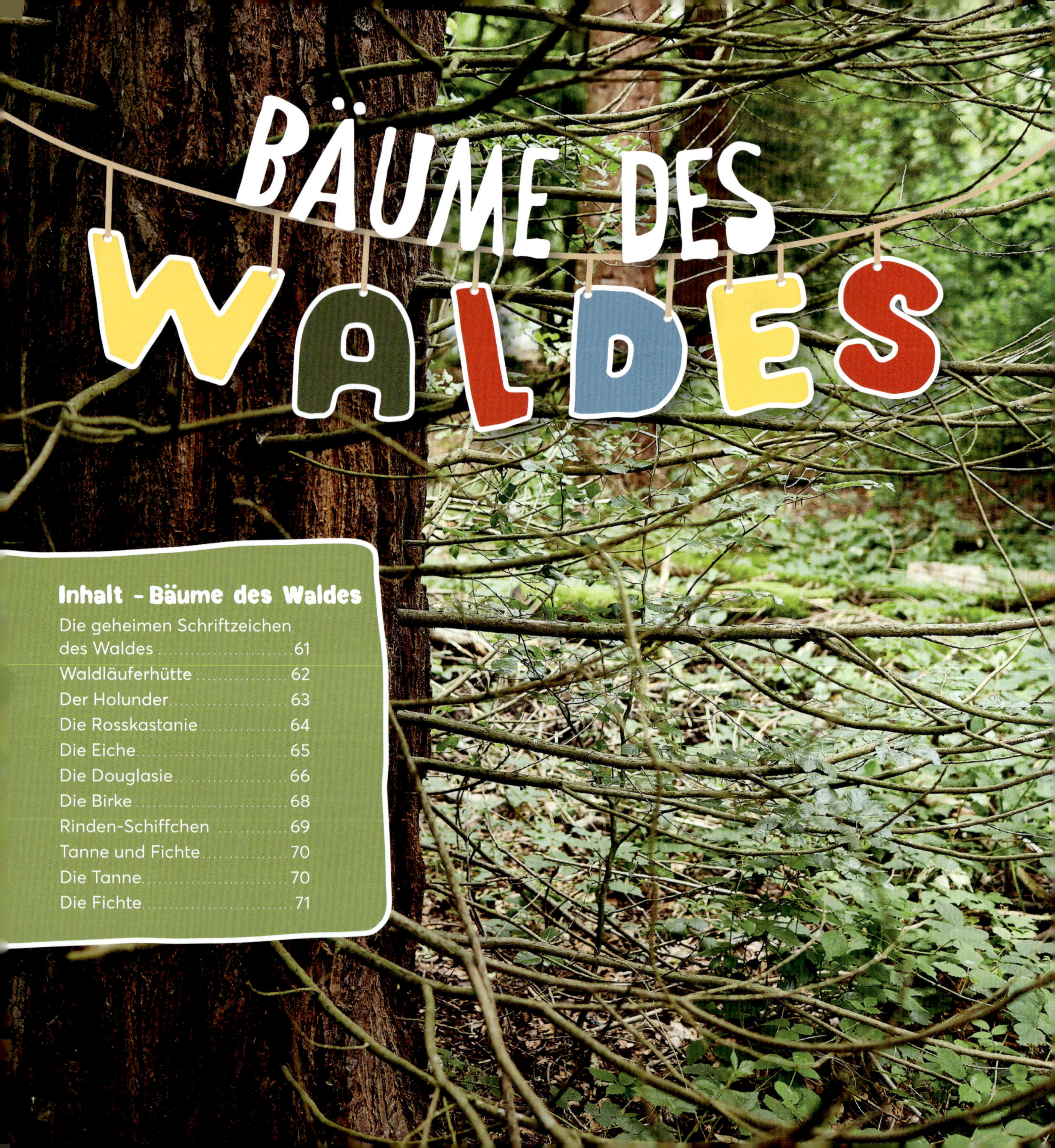

Bäume des Waldes

Inhalt – Bäume des Waldes

DIE GEHEIMEN **SCHRIFTZEICHEN** DES WALDES

Oft kann man im Wald eigenartige Schriftzeichen entdecken. Manchmal sind es Wegzeichen und ausgeschriebene Wanderwege. Oder aber es sind Zeichen, die sich der Förster im Wald mit einer Spraydose gemacht hat, um die Bäume für seine Arbeit zu markieren. Diese Arbeitskennungen sehen aus wie eine Geheimschrift. Ein schräger Strich zeigt dem Forstwirt, dass dieser Baum gefällt werden muss. Ein Punkt am Baum dagegen zeigt die Zukunftsbäume an. Mit zwei unter einander gemalten Strichen markiert der Forstwirt die Wege für die Arbeitsmaschinen. Bäume, die besonders geschütz werden müssen, weil sie vielleicht eine Spechthöhle beherbergen oder ein Horstbaum sind, nennt man Habitatsbäume und werden mit einem großen „H" gekennzeichnet. Oft sind das ganz alte Bäume, die aber einen hohen biologischen Wert haben.

DAS ALTER EINES BAUMES BESTIMMEN

An alten abgesägten Baumstämmen kann man das Alter eines Baumes bestimmen. Dazu musst du nur die Anzahl der Ringe innerhalb einer Baumscheibe zählen. Durch das Abschleifen mit etwas Schmirgelpapier werden die Baumringe noch deutlicher sichtbar.

Zähle die Ringe. Mit Hilfe von Stecknadeln wird jeder zehnte Ring markiert. Ein Ring entspricht dabei einem Jahr.

Mit Hilfe eines Maßbandes kannst du die Dicke der Ringe messen und daran sehen wie es dem Baum im entsprechenden Jahr erging. War es ein trockenes Jahr, hat der Baum ganz dünne Ringe, ging es dem Baum gut, sind die Ringe dick, da er kräftig wachsen konnte. Teste mal, wie viele Kinder es braucht um einen 300 Jahre alten Baum zu umarmen.

WALDLÄUFERHÜTTE

So baust du dir einen wetterfesten Unterschlupf.

1 Suche dir als erstes einen stabilen Baum. Räume alles was um ihn herum liegt auf die Seite, damit du später einen bequemen Untergrund hast.

2 Mache dir aus kräftigen Zweigen ein Grundgerüst und versuche es durch das Einweben von Querzweigen zu stabilisieren.

3 Zum Schluss musst du alles mit Moos verkleiden und abdichten.

4 Mache dir ein Bett aus Moos und lege eine Isomatte, ein Fell oder eine Picknickdecke darauf.

Veilchen und Vergissmeinnicht,
alle Kinder setzen sich.

DIE ROSSKASTANIE

Die Rosskastanie könnt ihr gut an ihren großen Fiederlättern und vor allem an den tollen, runden Früchten erkennen.

Aus den runden Kastanienfrüchten kann man, einmal aus der igeligen Schale gepellt, die herrlichsten Tiere und Schmuckstücke basteln.

Die meisten Biergärten werden von prächtigen Kastanienbäumen beschattet. Der Grund: Die Brauer legten früher unterirdische Bierlager an. Darüber pflanzte man Bäume, um die Lager zu beschatten und so kühl zu halten. Besonders geeignet dafür war die Rosskastanie, denn sie wurzelt sehr flach. Die Rosskastanie ist übrigens nicht verwandt mit der Edelkastanie, oder Marone, deren Früchte essbar sind.

DIE EICHE

Die knorrige, starke Eiche kann sehr alt und sehr groß werden. Sie schenkt uns Sicherheit und Vertrauen, daher wurde früher oft Gericht unter Eichen gehalten. Durch ihren hohen Anteil an Gerbsäure hat sie einen starken Schutz gegen Pilze und Schädlinge. Ihre Wurzeln reichen bis zu acht Meter unter die Erde.

Die Eiche gilt als sehr wertvoller Baum und erzielt hohe Holzpreise. Sie dient mehr als 1000 Tier- und Pflanzenarten als Nahrungsquelle und Lebensraum.

Selbst die Schiffe, die Kolumbus steuerte, waren aus Eichenstämmen gefertigt. Solange die Eiche in der Feuchtigkeit ist, also im Erdreich, ist sie so stabil, dass sie selbst große Häuser halten kann. Daher wurde und wird sie für Pfahlbauten verwendet, beispielsweise steht Venedig zu großen Teilen auf Eichenbalken.

Die Eiche hat auffällige Blätter, die an die Form ihrer Gestalt erinnert. Ihre Früchte sind die Eicheln. Die Eiche gilt als klassischer deutscher Baum und ziert daher viele Wappen und Geldmünzen. Eicheln wurden im letzten Krieg als Ersatzkaffee gemahlen.

DIE DOUGLASIE

Die Douglasie ist mit ihren über 60 Metern Höhe ein wirklicher Himmelsstürmer und der höchste Baum in Deutschland. Eine Douglasie kann bis zu 600 Jahre alt werden – und duftet nach Zitrone!

Wie die Douglasie ihre besonderen Zapfen bekam

Diese Geschichte erzählt man sich an der Westküste Nordamerikas: Es war tief in der dunklen Nacht, und der Wald stand lichterloh in Flammen. Ein Blitz hatte einen gewaltigen Waldbrand ausgelöst. Es hatte auch schon zuvor ab und an einen Waldbrand gegeben. Aber von der kleinsten, bis zur größten Kreatur waren sich die Waldbewohner einig, dass es diesmal anders war. Der Brand wurde von einem Sturm immer weiter angefacht und fraß sich durch den Wald wie ein gieriges Ungeheuer.

Voller Angst flohen die Tiere. Die Vögel flogen aufgeregt über die Wipfel und das Rotwild rannte und sprang, schneller denn je. Das Atmen fiel schwer in der trockenen, rauchigen Hitze. Die kleinen Mäuschen aber, mit ihren kurzen Beinen, fielen immer weiter zurück und bald waren sie ganz allein im tosend brennenden Wald. Sie rannten aus Leibeskräften und doch hatten sie das Gefühl, ihre Schwänzchen stünden in Flammen.

Sie kamen an einen mächtigen Ahorn und die Mäuse hofften, dass er ihnen Unterschlupf gewähren würde. „Bruder Ahorn, kannst du uns helfen?", fragten sie den riesigen Baum. „Leider nicht", antwortete dieser. „Ich sorge mich selbst um meine Sicherheit. Denn der Wind lässt meine Blätter rauschen und facht dadurch die Flammen noch weiter an."

Panisch rannten die Mäuse weiter und kamen zu einer freundlichen Zeder. „Schwester Zeder, kannst du uns vor den Flammen schützen?", fragten die ängstlichen Mäuse. „Es tut mir leid, ihr Lieben", antwortete die Zeder traurig, „meine Rinde bietet dieser Hitze nicht die Stirn, bald gehe ich selbst in Flammen auf."

Letztlich kamen sie bei einer Douglasie an. Diese drängte sie zur Eile: „Schnell, ihr lieben Mäuse. Klettert an mir hoch, dann entrinnt ihr dem Feuer! Borke und Stamm sind stark, ich werde dem Brand widerstehen.“ Weil es aber ein trockenes Jahr gewesen war, loderten die Flammen bis hinauf zum Wipfel der Douglasie. „Fürchtet euch nicht, kleine Schwestern“, sprach die Douglasie. „Kriecht in meine Zapfen hinein. Sie werden euch behüten.“ Die Flammen tobten um sie herum und so stürzten sich die kleinen Mäuslein kopfüber in die Zapfen. Jede von ihnen kroch in einen der großen schuppigen Samenstände. Kaum waren sie darin, ließ die Douglasie die Schuppen zuschnappen und die kleinen Nager waren gerettet.

Noch heute sieht man, schaut man einen Douglasienzapfen genau an, kleine Mäuseschwänzchen und Hinterbeine aus den Zapfen spicken.

(eine Legende der amerikanischen Ureinwohner)

DOWNLOAD

TIPP

Setzt euch unter eine Douglasie. Lies deinen Freunden die kleine Geschichte direkt hier unter den dunklen Zweigen vor.

DIE BIRKE

Die Birke erkennen wir an ihrem weißen Stamm. Sie gilt als Sinnbild des Lichts und des Frühlingserwachens. Sie wird deshalb auch gerne als Maibaum genutzt. Sie steht in Gruppen oder kleinen Wäldchen. Oft wächst sie am Waldrand oder an besonders feuchten Stellen. Gewusst? In Kriegszeiten wurde die Birkenrinde auch als Postkarte genutzt. Ihre weiße Birkenrinde und der Birkenkork sind selbst in feuchtem Zustand durch den hohen Gehalt an ätherischen Ölen brennbar. Birkenrindenstreifen können daher als Zunder genutzt werden. Birkenholz ist das einzige Holz, das auch grün, also frisch geschlagen, brennt!

Durch ihre gezackten Blätter und ihre kleinen „Korkenwarzen" an den Ästen peitscht sie mit Hilfe des Windes um sich herum alles fort und bewahrt sich so genügend Platz, um weiter zu wachsen.

RINDEN-SCHIFFCHEN

Du brauchst:

- Rinde, 5 cm breit, 20 cm lang
- Birkenrinde, 15 cm breit, 15 cm lang
- Zweig, 20 cm lang
- Handbohrer

1 Bohre in die Rinde in der Mitte ein kleines Loch, so tief, dass der Ast darin stecken bleibt.

2 Breche dir die Birkenrinde passend für ein kleines Segel zurecht, bohre zwei Löcher in die Birkenrinde und schiebe das Stöckchen hindurch.

3 Vielleicht ist ja ein kleiner Teich oder Bach in der Nähe und du kannst dein Boot sofort schwimmen lassen?

TIPP

Du kannst das Segel alternativ mit einer Schnur (siehe Foto) befestigen.

TANNE UND FICHTE

„FICHTE STICHT, TANNE NICHT"

Die Fichte und die Tanne haben viele Gemeinsamkeiten. Beide haben Nadeln und beide bleiben sie das ganze Jahr grün und dürfen deshalb an Weihnachten in unseren Wohnzimmern stehen. Beide können sehr alt werden: Der älteste Baum der Welt ist eine Fichte, sie steht in Schweden und ist über 9560 Jahre alt.

Die Nadeln können im Gegensatz zu Blättern bis zu zehn Jahre alt werden. Durch ihre feste Haut und eine zusätzliche Wachsschicht sind sie vor dem Austrocknen und großer Kälte gut geschützt. Die Samen der Nadelbäume findest du in ihren Zapfen.

DIE TANNE

Die Nadeln sind flach, an der Spitze eingekerbt und an der Unterseite haben sie zwei weißgraue Wachsstreifen. Die Früchte der Tanne heißen Tannenzapfen, stehen aufrecht auf den Zweigen und zerfallen schon am Baum.

Leider ist die Tanne vom Waldsterben in unseren Wäldern bedroht. Eigentlich kommt sie aus kälteren Gegenden und es wird ihr durch den Klimawandel einfach zu warm bei uns.

Aus dem weichen Tannenholz macht man Papier oder Möbel.

Waldhustensaft

Lege frische Tannenzweigtriebe für vier Wochen in ein Gefäß mit flüssigem Honig. Lass den Tannenhonig durch ein Sieb laufen und nimm einen Esslöffel davon, wenn du Husten hast.

Waldduft in der Badewanne

Gib eine Handvoll Tannennadeln in einen mit Wasser gefüllten Topf und erhitze das Ganze für 30 Minuten. Leere den fertigen, heißen Tannensud durch ein Sieb in dein Badewasser.

DIE FICHTE

Die Fichte hat kurze und spitze Nadeln. Die Fichtennadeln wachsen rund um die Zweige. Ihre langen, hellbraunen Zapfen hängen nach unten. Zwei Jahre reift ein Fichtenzapfen, bis er im Herbst herunterfällt. Sie sind rotbraun und haben abgerundete Schuppen.

Das Holz der Fichte hat eine gute Klangqualität und wird daher auch gerne von Geigenbauern genutzt. Durch dieses spezielle Schwungholz haben auch die Vögel hoch oben in den Zweigen die Möglichkeit zu hören, wenn sich ein Marder oder ein Eichhörnchen an ihr Nest heranschleicht.

Weil die Fichte sehr schnell wächst, wird sie oft dort gepflanzt, wo rasch ein neuer Wald entstehen soll.

In Süddeutschland dient die Fichte oft als Richtbaum von neu erbauten Häusern, auch werden viele Häuser aus Fichtenholz gebaut.

Fichtenharzkaugummi

Suche nach einer verletzten Fichte. Das ausgetretene, klare, harte Harz kannst du ablösen. Nimm ein fingergroßes Stück in den Mund und lutsche es wie ein Bonbon. Wird es weicher, kannst du das Harz wie Kaugummi kauen. Am Anfang treten einige Bitterstoffe aus. Spucke sie einfach aus. Kaue weiter und du wirst für einige Zeit einen erfrischenden Kaugummi haben.

DER HERBST IM WALD

Mein Herbst-Rucksack:

- ☐ Sitzunterlage
- ☐ Gutes Schuhwerk
- ☐ Taschenmesser
- ☐ Pilz-Bestimmungsbuch
- ☐ Seil
- ☐ Maßband
- ☐ Regenschutz
- ☐ Lupe

HERBSTBINGO

Jetzt geht's los: Streiche ab, was du im Wald findest.
Wer zuerst drei Kästchen in einer Reihe abgestrichen hat, gewinnt.

Du brauchst:

- eine Kopie dieser Vorlage pro Mitspieler
- einen Stift
- Mitspieler

DOWNLOAD

Nuss 	Bucheckern 	Moos 
rotes Blatt 	gelbes Blatt 	Kastine 
Eicheln 	Pilz (nur zeigen!) 	Fichtenzapfen 

WETTER-WICHTEL

Zutaten:

- Holzkugel oder Walnuss
- Kiefernzapfen
- Märchen- oder Schafwolle
- Eichelhütchen
- 2 kleine Zweige
- Astabschnitt
- Heißkleber

1 Zuerst bekommt der Wichtel einen Kopf. Bemale die Kugel, klebe die Wolle als Haare an und stecke den Kopf auf die Spitze des Zapfens. Befestige die kleinen Zweige als Ärmchen mit ein wenig Kleber.

2 Hänge den Wichtel an einer Schnur draußen auf – du kannst ihn aber auch auf einen Astabschnitt kleben und auf dein Fensterbrett stellen – und du kannst beobachten, wie das Wetter wird:

- Zieht sich der Zapfen zusammen, dann wird es dem Wichtel kalt und das Wetter schlägt um: Es wird feucht und kühl.
- Wird das Wetter schön, dann hebt der Wichtel die Arme.

KASTANIEN WERFEN

Du brauchst:

- frische Kastanien
- bunte Bänder oder Kreppapierstreifen, 40 cm lang
- Kastanienbohrer
- Klebstoff

Bohre in die Kastanie ein Loch. Lege mehrere verschiedenfarbige Bänder nebeneinander und verknote sie an einem Ende miteinander. Nun steckst du den Knoten in die Kastanie. Vielleicht brauchst du noch etwas Klebstoff, damit der bunte Bänder-Schweif an der Kastanie hält. Schon kannst du die Kastanie mit dem bunten Bänder-Schweif werfen. Wer wirft wohl am weitesten?

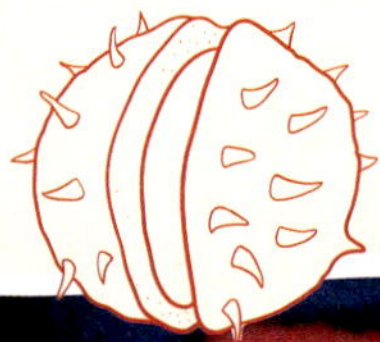

KASTANIENBAD

Sammle möglichst viele Kastanien in einem Korb oder in einer Wanne. Lege dich hinein oder „bade“ deine Beine in dem Kastanienbad. Was ist das denn für ein ulkiges Gefühl?

Aufbewahren: Achte darauf, dass die Kastanien nicht schimmeln. Rühre dazu immer wieder in deinem Kastanienbad herum, dann trocknen die Kastanien und du hast lange Zeit etwas von ihnen.

BLATTGERIPPE

Du brauchst:

- Blätter von einem Baum
- einen Topf mit kaltem Wasser

Lege die Blätter in einen Topf und lass sie ungefähr eine halbe Stunde köcheln. Stelle den Topf ins Freie und lass die „Projektsuppe" eine Woche ziehen. Nach einer Woche kannst du die Blätter herausnehmen. Entferne die letzten Reste vom Blattgewebe mit einem feinen Pinsel unter fließendem Wasser. Übrig bleibt ein „Blattskelett". Klebe es auf buntes Papier und rahme es oder gestalte damit schönes Briefpapier.

DOMINO IM WALD

Jeder Mitspieler sammelt zwei unterschiedliche Wald-Objekte – vielleicht eine Eichel und ein Ahornblatt? Der Spielleiter legt zwei unterschiedliche Gegenstände z.B. einen Kiefernzapfen und ein Blatt nebeneinander auf den Waldboden, der Nächste muss nun, wie beim Klötzchen-Domino, den gleichen Gegenstand danebenlegen und einen anderen. Die Schlange endet, wenn alle Mitspieler ihre Sachen verteilt haben. Mal sehen, wie lange eure Schlange wird.

Du brauchst:

- unterschiedliche Blätter, Zapfen und Steine

AHORN-LIBELLE

Du brauchst:

- Ahornsamen
- Wasserfarben
- Schnitzmesser
- kleine Tannenzweige ohne Nadeln
- eventuell dünnen Silberdraht, Klebstoff und kleine Perlen

1 Male die Ahornflieger mit Wasserfarbe bunt an und lass sie gut trocknen.

2 Spalte die kleinen Tannenzweige an einem Ende vorsichtig auf und stecke die Ahornflieger hinein. Jetzt sieht es schon ein wenig wie eine Libelle aus. Den Ahornflieger befestigst du mit Klebstoff.

3 Zusätzlich kannst du noch ein Perlenköpfchen aufstecken und Tannennadeln als Fühler anbringen.

REGENBOGENFARBEN IM WALD

Du brauchst:

- Viele Blätter in unterschiedlichen Farben
- evtl. Schnur

1 Sammle viele Blätter in ganz unterschiedlichen Herbstfarben.

2 Du kannst die Blätter in einem Farbverlauf auf dem Boden auslegen, oder du fädelst sie auf einer Schnur auf und hängst sie in die Zweige. So hat der nächste Spaziergänger eine hübsche Wald-Überraschung! Oder du legst sie in eine Blumenpresse und gestaltest mit den gepressten Blättern ein schönes buntes Blätterbild an deinem Kinderzimmerfenster.

DUFTMEMORY

Du brauchst:

- kleine Dosen oder kleine Säckchen
- Harz, Rosmarin, Pfefferminze, Waldboden, Tannennadeln, etc.
- Mitspieler
- ggf. Stifte
- ggf. Augenbinde

1 Fülle in jede Dose etwas Duftendes aus dem Wald. Zerreibe Blätter oder Tannennadeln, damit sie ihren Geruch voll entfalten. Achte darauf, dass du die Döschen nach dem Befüllen schnell verschließt.

2 Füllst du sehr viele Dosen, solltest du sie auf der Unterseite beschriften

3 Was erschnupperst du mit verbundenen Augen? Wie viele Döschen-Inhalte erschnuppert dein Mitspieler?

TIPP

Befülle immer zwei Dosen mit dem selben Inhalt – wer erschnuppert zuerst die Paare?

Variante

Befülle deine Döschen mit unterschiedlichen Waldfundstücken, schüttle die Dose und lass deine Mitspieler hören was sich in den Döschen befindet.

BRENNNESSEL-CHIPS

Die Brennnessel findest du oft am Waldrand. Sie ist vollgepackt mit Mineralstoffen, Spurenelementen und Vitaminen. Und: Sie schmeckt super-lecker!

Zutaten:

- Brennnesseln
- etwas Olivenöl
- Pfanne
- Salz
- ggf. Gartenhandschuhe

1 Sammle die jungen Blätter, fasse sie von unten an, dann brennen sie nicht. Du kannst aber auch Gartenhandschuhe tragen.

2 Erwärme in einer kleinen Pfanne ein wenig Olivenöl und gib die Brennesselblätter hinein. Das geht auf dem offenen Lagerfeuer oder zuhause am Herd.

3 Nach einem kurzen Moment in der Pfanne werden die Blättchen knusprig. Vorsicht: nicht schwarz werden lassen, sie müssen noch grün aus der Pfanne geholt werden! Lass sie kurz auf einem Küchentuch abtropfen, dann kannst du sie dir schmecken lassen. Wenn du möchtest kannst du noch etwas Salz darüber streuen.

MALEN
MIT NATURMATERIALIEN

Du brauchst:

- eine Leinwand, oder anderes festes Papier
- Klarlack oder Haarspray

1 Im Wald angekommen, findest du viele Beeren, Gräser, Pilze, Äste, Rinden, Moose und Blumen, die sich alle zum Malen eignen. Achte darauf, dass du keine giftigen Beeren oder Pilze sammelst.

2 Am Anfang kannst du einen Rahmen oder eine Wiese auf deine Leinwand malen. Dann probierst du aus wie sich die unterschiedlichen Naturmaterialien vermalen lassen: zerreibe deine Fundstücke auf dem Papier indem du mit dem Finger fest draufdrückst. Viele Pflanzen erscheinen in der Natur äußerlich in einer anderen Farbe, als als auf weißem Papier.

3 Für mehr Glanz und Haltbarkeit kannst du die Bilder mit Klarlack oder mit Haarspray fixieren.

EICHHÖRNCHEN-KOBEL

Zutaten:

- Filzwolle, 60 g
- Wasserkocher
- Schmier- oder Kernseife
- Schüssel
- Tablett als Unterlage
- Handtücher
- dickere Plastikfolie (Schrankeinlage)
- etwas Stroh

1 Arbeite zuhause. Schneide die Plastikfolie zu einem 20 cm hohen und 15 cm breiten Oval. Lege deine Filzwolle in feinen Schichten auf die Folie, sodass ein ca. 3 cm überlappender Rand stehen bleibt. Jetzt kannst du das ganze leicht mit Seifenwasser besprenkeln und reiben, bis die Wolle verfilzt.

2 Achte darauf, dass der Rand dabei nicht nass wird.

3 Drehe alles vorsichtig um und knicke den Rand nach innen. Dann bedeckst du es auch mit Schichten der Filzwolle. Wenn sich alles etwas verbunden hat, kannst du kräftiger filzen.

4 Sobald sich dein Kobel auf beiden Seiten der eingefilzten Folie fest anfühlt und du den Eindruck hast, dass die Folie bald nicht mehr passt, schneidest du ein kleines Loch. Dieses ergibt dann später den Ausschlupf für das Eichhörnchen. Entferne die Folie und beginne auch von innen zu filzen. Wenn der Kobel eine gute Festigkeit hat spülst du die Seife mit etwas Essigwasser aus und lässt den Schlupfball gut trocknen.

5 Jetzt kannst du noch eine Aufhängung anbringen, den Kobel mit Stroh befüllen und draußen aufhängen.

HERBSTKETTE

Du brauchst:

- Kastanien, Eicheln, Bucheckern, Beeren, Hagebutten, Ahornflieger
- Kastanienbohrer
- Draht oder reißfesten Faden

1 Im Herbst lassen sich viele unterschiedliche Ketten auffädeln – halte die Augen offen, die Natur bietet die herrlichsten Schmuckideen.

2 Bohre durch die Kastanien, die Eicheln und die Haselnüsse mit dem Kastanienbohrer kleine Löcher und fädle sie dann auf den Draht auf, verschließe die Enden miteinander. Deine Herbstkette kannst du zur Dekoration aufhängen.

3 Zarte Blätter und Beeren fädelst du mit einem reißfesten Faden auf.

MANDALA

Du brauchst:

- Waldfundstücke

Sammle besonders schöne Wildnis-Objekte. Faszinierend sind beispielsweise Zapfen mit Fraßspuren oder Steine mit dicken Flechten. Lege aus deinen Fundstücken ein schönes Mandala.

TIPP

Ein Foto deines Waldkunstwerks ist ein lieber Gruß, der sich schnell verschicken lässt.

TASTETUCH

Für das sogenannte „Kim-Spiel“ benötigst du einige Mitspieler. Lege zehn Fundstücke auf den glatten Waldboden und decke sie mit einem Tuch ab. Nacheinander darf jeder Mitspieler fühlen, was denn da liegen könnte. Haben alle getastet, darf jeder reihum ein ertastetes Objekt benennen: „Unterm Tuch lag ein Stein!“

WAS KRABBELT DENN DA?

Im Wald tummeln sich auch viele kleine Bewohner, die Experten darin sind, sich zu tarnen. Auf dem dunklen, meist mit Blätter oder Moos bedeckten Boden lässt es sich wunderbar verstecken. Um die kleinen Tiere besser beobachten zu können, kannst du folgenden Trick anwenden: Lege ein weißes Tuch im Wald aus und warte etwa eine Vierteltunde.

Schnell wirst du feststellen, dass ein kleines Tier nach dem anderen über das Tuch krabbelt.

Viel Spaß beim Beobachten!

TIPP

Mit einer Unterlage zum Hinlegen, kannst du die Krabbeltiere noch länger und bequemer beobachten.

DAS 1-MINUTEN-BINGO

Kaum läuft die Stoppuhr, hat jeder Mitspieler eine Minute Zeit, um mindestens drei Aufgaben vom Bingo-Blatt zu erfüllen. Wer zuerst drei Kästchen senkrecht, waagrecht oder diagonal abstreichen kann, hat gewonnen.

Du brauchst:

- eine Kopie dieser Vorlage pro Mitspieler
- Stifte
- Stoppuhr
- Mitspieler

DOWNLOAD

Mich streift ein Ast am Bein.	Ich rieche etwas Modriges.	Ich sehe eine Blume.
Ich fühle etwas Weiches.	Mich kitzelt eine Tannennadel.	Ich springe über eine Wurzel.
Ich suche etwas Feuchtes.	Ich höre einen Vogel.	Ich sammle ein schönes Blatt.

GROSSES WALDSPIEL

Vier Mannschaften treten gegeneinander an – wer wird Sieger nach Punkten?

Du brauchst:

- Stoppuhr
- Springseil
- Augenbinde
- Hula-Hoop-Reifen
- Mitspieler

DOWNLOAD

1. Laufen wie die Eichhörnchen:

Einer nach dem anderen aus der Gruppe balanciert über einen Baumstamm. Es wird die Gesamtzeit gemessen. (Die schnellste Gruppe erhält 5 Punkte.)

2. Tannenzapfenweitwurf:

Zwischen zwei Bäumen werden drei Tannenzapfen durchgeschossen. (Jeder Treffer wird gezählt)

3. Mausenase:

An einer Schnur werden Dinge aus dem Wald aufgehängt. Diese müssen von den Mitspielern erkannt werden. (Pro erkanntem Gegenstand gibt es einen Punkt.) Ältere Kinder können mit verbunden Augen versuchen die Gegenstände am Geruch zu erkennen.

4. Wieselsprung:

Es wird ein Pendel gebaut. Dazu befestigt man an einem Seil einen schweren Gegenstand. Das andere Ende des Seils wird an einem Ast festgebunden. Das Pendel sollte bis zum Boden reichen. Nun können Gegenstände (z.B. Zapfen) am Boden aufgestellt werden. Ziel ist es die Gegenstände mit dem Pendel zu treffen und umzuwerfen. (Jeder Treffer zählt)

5. Spinnennetz:

Mit verbunden Augen muss jedes Gruppenmitglied sich an einem Seil entlang tasten. (Die Gesamtzeit wird gemessen.)

6. Schlangenschaukel:

Jeder baut sich aus seinem Seil eine Schaukel. (Jede Schaukel bekommt einen Punkt)

7. Dachsfalle:

Mit einem zum Lasso gebundenen Seil muss ein Baumstumpf eingefangen werden. Jeder hat drei Versuche. (Jeder Wurf, der sitzt zählt)

8. Hamsterbild:

Die Stoppuhr läuft, jede Runde dauert nur eine Minute! Jede Gruppe legt das Springseil zu einem Kreis und füllt ihn mit Nüssen. (Jede Nuss ein Punkt)

9. Fuchssprung:

Ein Stock muss durch einen Reifen geworfen werden. Jede Gruppe hat drei Versuche. (Jeder Treffer zählt)

FACKEL HERSTELLEN

Du brauchst:

- Wachsreste
- Baumwollstoffreste oder Jutereste
- Gartenhandschuhe
- Schnur
- Topf
- Dose zum Wachs schmelzen
- Stock, ca. 50 cm lang, ø 2,3 cm

1 Gib die Kerzenreste in die Blechdose und stelle diese in einen Topf mit leicht köchelndem Wasser. Während das Wachs langsam schmilzt kannst du deinen Stock auf ca. 40-50 cm Länge kürzen.

2 Wenn das Wachs geschmolzen ist, kannst du die Stoffbänder in das Wachs tauchen und anschließend um den oberen Teil des Stockes (obere 15 cm) wickeln. Fixiere den Stoff mit einer Schnur.

3 Nun alles trocknen lassen und los geht es.

4 Damit du dich beim Fackellaufen nicht verbrennst, kannst du dir einen Tropffänger aus Pappe an deinen Stock basteln oder du trägst Gartenhandschuhe.

ACHTUNG: Halte immer genug Abstand zwischen dir und deiner Fackel, sowie anderen Personen oder Gegenständen. Die Fackel solltest du nur in Begleitung eines Erwachsenen benutzen.

PFLANZEN IM WALD

Inhalt – Pflanzen im Wald

PILZE

Im Wald, wo es dunkel, feucht und modrig ist, wachsen die Pilze. Wir können nur einen kleinen Teil sehen, der größte Teil wächst unter der Erde mit einem weißen Geflecht, das sich kreisförmig unter dem Pilz ausbreitet wie ein großes Spinnennetz. An den Stellen, wo sich die Fäden kreuzen, wächst ein neuer Pilz aus dem Erdreich. Pilze sind übrigens keine Pflanzen. Sie brauchen zum Überleben organische Stoffe wie etwa Holz. Dieses arbeiten sie zu Humus um.

GIFTALARM! Viele Pilze sind für uns Menschen essbar, andere nicht. Lass dich beim Sammeln dabei immer von einem Experten beraten.

ZUNDER-SCHWAMM

Seit der Steinzeit wird der Zunderschwamm als besonderer Nutzpilz verwendet. Mit ihm wurden Flammen entzündet, später wurde er als Docht für Petroleumlampen verwendet und sogar als Ledererersatz.

Der Zunderschwamm kann eine Größe bis zu 60 cm erreichen und kann auch auf einem toten Baum weiter wachsen.

Zunder und andere Baumpilze lassen sich besonders gut mit Mustern verzieren. Dazu musst du einfach mit einem spitzen Gegenstand auf den Pilz Ritzen kratzen.

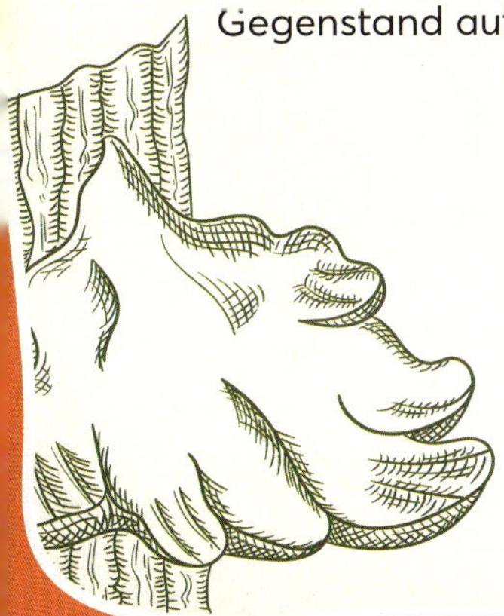

FLIEGENPILZ

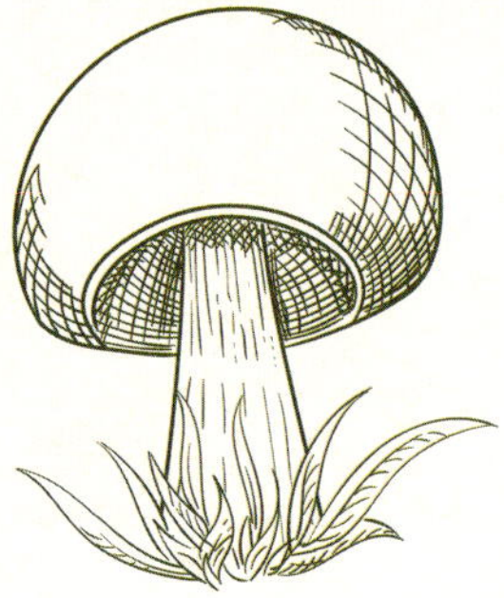

Früher dachte man, Fliegenpilze markierten Hexentanzplätze. Auch heute noch spricht man ihm besondere Kräfte zu – er gilt als Glückspilz und ziert daher Neujahrs- und Geburtstagskarten. Dabei ist er sehr giftig und sollte möglichst nicht angefasst werden!

Der wunderschöne Pilz wächst sowohl in Laub- wie auch in Nadelwäldern, aber besonders gerne an Birken und kann 20 cm hoch werden. Ganz junge Fliegenpilze sind von einer weißen Hülle umgeben, die während des Wachstums aufbricht und von der bei einem erwachsenen Pilz nur noch die weißen Tupfen auf der roten Kappe übrig sind. Seinen Namen hat der rote Fliegenpilz von der mittelalterlichen Praxis, Fliegen mit Milch zu vergiften, in der Fliegenpilzstückchen aufgelöst wurden.

FLECHTEN

Auf vielen verschiedenen Untergründen wachsen sie: Flechten! Eine Flechte ist keine Pflanze, sondern die WG einer Alge und eines Pilzes. In Europa gibt es etwa 2.000 Flechtenarten. Sie können viele Farben haben. Diese hängt davon ab, welcher Pilz mit welcher Alge zusammenlebt. Manche Arten werden sogar mehrere hundert Jahre alt. Flechten nehmen Schmutz aus der Luft auf, können ihn aber nicht wieder abgeben. Wissenschaftler erkennen anhand der Flechten, wie groß die Luftverschmutzung ist. Wo die Luft schlecht ist, wachsen keine Flechten.

PARASOL

Der Parasol gehört zu den größten Speisepilzen und erinnert uns an einen Sonnenschirm. Der Parasol hat an seinem Stiel einen Ring, der sich verschieben lässt, daran kannst du ihn zweifelsfrei erkennet, ein Hut hat manchmal dunkle Schuppen und sein Fleisch rötet sich nicht, wenn du dagegen drückst.

Der Parasol ist richtich lecker: er eignet sich hervorragend zum Panieren. Mische ein Ei mit Pfeffer und Salz und wende darin den Hut es Parasols. Bedecke ihn mit Paniermehl und brate ihn 15 Minuten bei nicht zu starker Hitze goldgelb an.

BASTELN MIT PILZEN

Du brauchst:

- einen schönen Pilz, der nicht zu zart gebaut ist
- Abruckmasse (Alginat)
- Gips
- Behälter, der genug Platz für den Pilz und das Alginat bietet

Gipsmodel

1 Befreie den Pilz von groben Erdresten.

2 Mixe das Alginat etwas flüssiger, als in der Gebrauchsanweisung beschrieben und fülle etwas davon in einen Behälter.

3 Lege den Pilz vorsichtig kopfüber auf die Masse und schütte nun das restliche Alginat darüber.

4 Wenn das Alginat fest geworden ist, löst du es aus deinem Behälter und schneidest die Masse mitsamt dem Pilz in der Mitte durch.

5 Die Pilzstücke werden entfernt, die beiden Alginathälften wieder in den Behälter gestellt.

6 Rühre den Gips an und gieße ihn in die Alignatmatte. Klopf den Behälter vorsichtig, sodass alle Luftblasen entweichen.

7 Sobald der Gips festgeworden ist, kannst du ihn aus der Form nehmen. Entferne störende Gipsreste mit einem Messer und bemale und dekoriere deinen Pilz mit Farbe und Moos.

TIPP

Du kannst deinen Gipspilz auch auf eine Rinde oder ein Stück Holz kleben.

Du brauchst:

- Pilze in unterschiedliche Formen und Größen
- Stempelkissen oder Wasserfarbe
- Papier oder Leinwand

Pilzstempel

Halbiere deinen Pilz und drücke ihn auf das Stempelkissen – oder bemale ihn vorsichtig mit Wasserfarben – drücke die Pilzhälfte auf das Papier und lass dein Bild gut trocknen.

Sporenabdruck

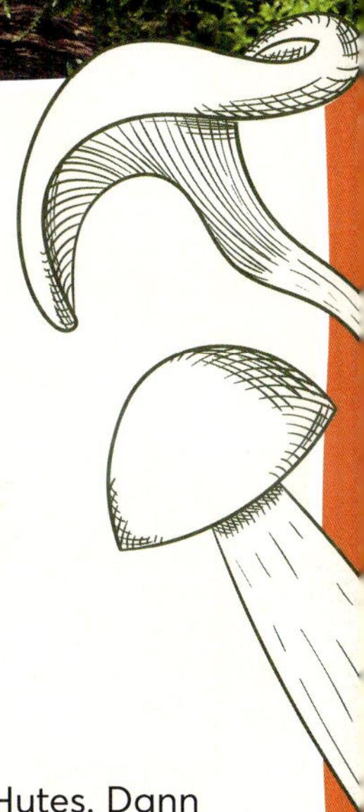

Du brauchst:

- unterschiedliche Pilze mit Lamellen oder Röhren
- Schwarzes oder weißes Papier
- Lackspray

1. Entferne den Stiel des Pilzes unterhalb des Hutes. Dann legst du den Hut mit der Röhren- oder Lamellenschicht nach unten auf das Papier. Am besten deckst du den Hut noch mit einem Behälter ab, damit die feinen Sporen nicht fortfliegen. Nach einigen Stunden kannst du vorsichtig nachsehen was sich unter dem Hut getan hat.
2. Wenn der Pilz seine Sporen verloren hat, fixierst du dein Kunstwerk mit Haarspray oder Klarlack – nur so hast du lange etwas davon.

MÄDESÜSS

Der Name klingt ja wie „süßes Mädchen“. Tatsächlich aber kommt der Begriff von der „Metsüße“, denn im Mittelalter hat man das Mädesüß beim Met- und Bierbrauen eingesetzt. Wenn das Kraut gemäht wird, kannst du seinen charakteristischen süßen Duft gut wahrnehmen. Diese Pflanze wächst oft am Waldrand, gerne an kleinen Bachläufen. Ein leckeres Rezept mit Mädesüß findest du auf Seite 51.

Im Volksmund hat sie noch einen viel lustigeren Namen: „Stopparsch“. Das liegt daran, dass das Mädesüß in manchen Regionen als Hausmittel gegen Durchfall benutzt wird.

FARN

Bevor der Farn seine Wedel ausbreitet, streckt er sie in der Form eines Bischofsstabs in die Höhe. Farne gab es schon zur Zeit der Dinosaurier. Sie lieben feuchte Standorte – in den Tropen wachsen daher die größten Farne, die Baumfarne.

MOOS

Weit verbreitet im Wald ist das Moos. Wir finden die unterschiedlichsten Moose an Stämmen und auf dem Boden, an totem Holz und auf frischen grünen Lichtungen, in Höhlen und an Felswänden. Sie sind der Lebensraum vieler kleiner Waldbewohner.

Moose sind grüne Pflanzen, die sich aus Algen entwickelt haben. Sie haben keinen Stiel oder Stamm, der sie stabil macht. Deshalb wachsen sie kurz wie ein Teppich. Moose können das dreifache ihres Gewichtes an Wasser speichern, deshalb sind sie auch so wichtig für die Natur. Das Moos braucht zum Leben nur Wasser und wenig Licht, daher finden wir es auch in fast dunklen Höhlen.

Da das Moos alles in sich aufnimmt, lassen sich beim sogenannten „Moos-Monitoring" Schadstoffe und Umweltverschmutzungen nachweisen.

Früher brauchten die Menschen trockenes Moos als Füllmaterial zum Beispiel für Matratzen, als Klopapier oder für die Windeln ihrer Kinder. Moose wirken aber auch entzündungshemmend als Auflage bei Wunden.

BILDER MIT MOOS

Moos lässt sich wunderbar pressen. Dann kannst du damit tolle Bilder kleben, oder du nimmst das Moos direkt als Malfarbe. Auch lassen sich mit Moos und etwas Wasserfarbe schöne Bilder drucken.

MISTEL

Die Mistel kennst du sicherlich vom Zaubertrank aus den Asterix-Comics. Misteln sind Halbschmarotzer, sie brauchen also einen Baum als „Wirt", auf dem sie leben können. Dieser zieht für die Mistel Wasser und Nährstoffe aus dem Boden. Nicht jede Baumart kann von ihnen befallen werden: Immun sind Platanen, der Mammutbaum, einige Buchen, die Walnuss, Kirschen, Ulmen und der Ginkgo. In den USA ist es ein Weihnachtsbrauch sich unter einem Mistelzweig zu küssen.

Die Römer stellten aus den zerquetschten Mistelbeeren einen klebrigen Leim her, mit dem sie Singvögel fingen. Diese Beeren sind zwar hübsch aber ziemlich giftig. Pass also beim Erkunden auf und iss sie auf keinen Fall!

KNOBLAUCHRAUKE

Du findest sie oft in Laubwäldern. Die Blätter der Knoblauchrauke ähneln der Brennnessel. Die Blätter verfügen jedoch über keine schmerzhaften Brennhaare und sind an den Blatträndern meist deutlicher gezackt.

Wenn du an ihr reibst riecht sie stark nach Knoblauch. Die Blüten der Knoblauchrauke sind weiß gefärbt und erscheinen meist von Mitte April bis Anfang August.

In der Heilkunde wird die Knoblauchrauke benutzt. Du kannst z.B. bei Zahn- oder Halsschmerzen auf einem Blatt kauen.

Bis weit hinein ins Mittelalter wurde die Pflanze zum Würzen verwendet. Der pfeffrige, würzige und an Knoblauch erinnernde Geschmack wurde oft anstelle von Pfeffer verwendet. Die Knoblauchrauke verliert ihren Geschmack beim Kochen und Braten, deshalb bietet sie sich für Salate und Pesto an oder aber kleingeschnitten über Suppen gestreut.

Ein Rezept für Knoblauchrauken-Pesto findest du auf Seite 23.

ACHTUNG GIFTIG!

Ihre Nadeln und Samen sind giftig. Nicht verwechseln mit der Fichte.

Auch hier besteht Gefahr beim Sammeln von Bärlauch. In diesem Fall nicht, weil die Blätter beider Pflanzen sich stark ähneln, sondern weil sich der Aronsstab gerne unterhalb der Bärlauchblätter versteckt und somit oft unbemerkt im Sammelkorb landet.

Die Beeren des Efeu sind giftig, aber schon allein durch eine Berührung kann es zu Rötungen auf der Haut kommen.

Sie ähnelt dem Bärlauch oder auch dem Maiglöckchen, ist allerdings höchst giftig.

Achtung beim Beerensammeln!

Auch beim Sammeln von essbaren Beeren ist Achtung geboten! An den Dornen der Sträucher kann man sich leicht verletzten und auch die Ansteckung mit einem Fuchsbandwurm ist möglich.

TIPP:
Nach dem Waldspaziergang die Hände waschen und nur Beeren mitnehmen, die man kennt.

Der Sadebaum ähnelt dem gemeinen Wachholder. Alle Teile des Sadebaums sind giftig und er verbreitet einen unangenehmen Geruch. Daher wird er auch Stinkwacholder genannt. Allein bei Hautkontakt kann es zu Reizungen und Blasenbildung kommen.

Sie ist sehr giftig trotz ihres harmlosen Aussehens. Ebenfalls sehr giftige Pflanzen mit beerenartigen Früchten sind der Seidelbast, das Pfaffenhütchen, die Vogelbeere und die Wolfsbeere, sowie die Europäische Stechpalme.

Gefleckter Schierling, Wasserschierling und Hundspetersilie: Sie ähneln alle dem schwarzen Holunder oder auch dem essbaren Wiesenkümmel und der Wildkerbel. Sie sind aber viel gefährlicher als der schwarze Holunder.

Das Maiglöckchen findet sich häufig in schattigen Waldlagen. Hier besteht häufig Verwechslungsgefahr mit dem Bärlauch oder auch der Knoblauchrauke.

Die Rinde und die Samen des Seidelbastes sind höchst giftig. In der Phase in der die Blüten weichen und die Zweige voll Beeren sind, ähnelt der Seidelbast der Vogelbeere.

Die Blätter und die Rinde sind giftig. Die Beere kann in gekochtem Zustand gegessen werden. Ansonsten keine schwarzen Beeren essen! Z.B. Beeren vom Zwergholunder.

Achtung Allergie!

Auch bei anderen, in der Regel nicht giftigen Pflanzen ist Achtung geboten, denn einige Menschen reagieren auf Pflanzen allergisch. In diesem Fall wäre auch eine Birke mit ihren Pollen nicht die beste Wahl um sich damit zu verkleiden oder Teile davon mit nach Hause zu nehmen.

DER WINTER IM WALD

Mein Winter-Rucksack:

- ☐ Sitzunterlage
- ☐ Gutes, warmes Schuhwerk
- ☐ Warme Kleidung, nicht vergessen:
- ☐ Mütze, Schal, Handschuhe
- ☐ Warmes Getränk
- ☐ Taschenlampe
- ☐ Lupe

WINTERBINGO

**Jetzt geht's los: Streiche ab, was du im Wald findest.
Wer zuerst drei Kästchen in einer Reihe abgestrichen hat, gewinnt.**

Du brauchst:

- eine Kopie dieser Vorlage pro Mitspieler
- einen Stift
- Mitspieler

DOWNLOAD

Eiszapfen 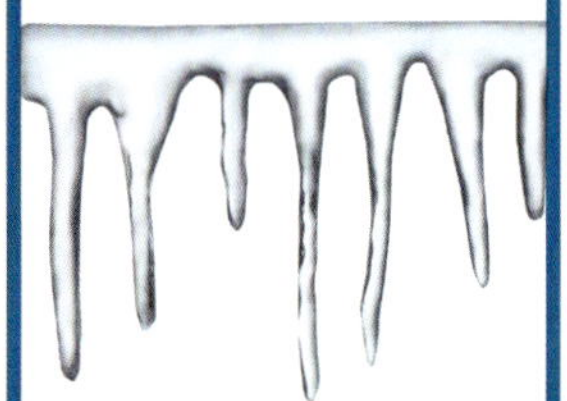	Kiefernzapfen 	 Fichtenzapfen
Eis 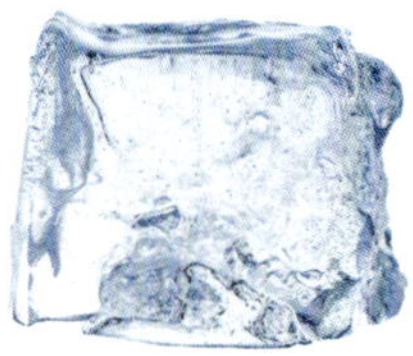	Trittsiegel 	Tannenzweig 
Ast mit Moos 	Rinde 	Wurzel 

DER WALD IM EIS

Du brauchst:

- Einen Teller aus Kunststoff
- Wasser
- eine Naturschnur oder Bast
- alles, was du in der Natur findest

Christbaumschmuck für Waldläufer:

1 Fülle deinen Teller mit Wasser und lege deine Schätze aus der Natur hinein, lege an den oberen Rand die Bastschnur und lasse sie über den Tellerrand hinaushängen. Daraus knotest du später eine Schlaufe zum Aufhängen.

2 Stelle den Teller bei Frost über Nacht ins Freie und lass ihn gefrieren. Wenn alles festgefroren ist, lösst du deine Eisplatte vom Teller und hängst sie an einen schattigen Ort, oder in den Wald. Dann hast du am längsten was davon – und die anderen Spaziergänger auch.

DIE SCHNITZELJAGD
KLASSISCH UND MODERN

Schon ewig benutzen Menschen Markierungen, um Wege zu kennzeichnen. Oftmals waren es auch besondere Zeichen, die bestimmte Wege markierten z.B. der Jakobsweg (Muschel-Symbol) oder die Zinken des fahrenden Volks.

Für die klassische Schnitzeljagd werden im Wald Zeichen und Symbole platziert, denen du und deine Freunde folgen könnt. Unterwegs können Aufgaben und neue Wegbeschreibungen versteckt werden. Die Aufgaben müssen erfüllt werden, um ans Ziel zu gelangen.

Du brauchst:

Material für die Zeichen: Sägespäne, Zweige, Kreide, Steinchen oder Rinde können den Weg markieren. Wer mag, kann Aufgaben auch mit einem Luftballon kennzeichnen. Wenn du in der Nacht eine Schnitzeljagd machen möchtest, markierst du deine Wegstrecke mit LED-Teelichtern.

Gewusst?

Eine neuere und sehr beliebte Form der Schnitzeljagd ist das Geocaching. Ziel des Geocachings ist es, in einem unbekannten Gelände ein Versteck und einen „Cache" aufzuspüren. Dieser Schatz ist meist ein kleiner Behälter mit einem Logbuch. In der Regel befinden sich darin kleine Gegenstände. Wer mag, trägt sich in das Buch ein und legt etwas kleines in die Schatzkiste und nimmt ein Andenken heraus.

Wegzeichen

 diesem Weg folgen

 falscher Weg

 Achtung Gefahr!

 Nachricht

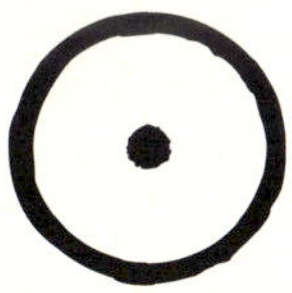 wir sind heimgegangen

Wichtig ist, das alle Briefe und nicht natürlichen Materialien von der letzten Gruppe mitgenommen werden. Lasst nichts im Wald, was dort nicht hingehört.

DOWNLOAD

Bei den Aufgaben sind eurer Fantasie keine Grenzen gesetzt.

Hier einige Beispiele:

- Von hier bis zur nächsten Bank macht ihr Bockspringen.
- Sucht drei verschiedene Blätter und benennt sie.
- Zeichnet ein Waldtier.
- Sammelt etwas, das nicht in den Wald gehört (Müll).
- Bastelt aus Naturmaterialien ein Tier.

Du kannst auch Spiel-Stationen vorbereiten und diese in das Waldspiel einbauen.

CHRISTBAUMKERZEN
AUS EICHELN UND ZWEIGEN

Du brauchst:

- Einige Stöcke in der Länge einer Christbaumkerze
- Mandeln, Eicheln oder Haselnüsse
- Acrylfarbe in Gelb
- Holzwäscheklammern
- Klebstoff

1 Male die Eicheln oder Haselnüsse mit gelber Farbe an und lass sie trocknen.

2 Klebe dann die Stöcke auf die Wäscheklammern und die angemalten Nüsse auf die Stöcke.

3 Suche dir einen schönen Baum aus und schmücke ihn damit, sodass er aussieht wie ein echter Christbaum.

VOGELFUTTER

Du brauchst:

- Pflanzenfett
- Vogelfuttermischung
- Rosinen
- Trockenfrüchte
- Kiefernzapfen
- Naturschnur oder Naturbast
- Ausstechform
- Backpapier

1 Erhitze das Fett bis es fast flüssig wird. Mische nun die Körner und das Obst dazu bis eine knetbare Masse entsteht.

2 Binde die Schnur oder den Bast an den Kiefernzapfen als Aufhängung, und schmiere und drücke die Masse fest in die Ritzen des Zapfens. Nun kannst du den Zapfen direkt ins Freie hängen.

3 Wenn du deinem Vogelfutter eine besondere Form geben willst, legst du deinen Arbeitsplatz mit Backpapier aus und füllst die warme Masse in eine Ausstechform. Denke auch an einen Aufhänger. Stelle die Form auf dem Backpapier für ein paar Stunden ins Kalte, damit es fest wird. Dann löst du dein Vogelfutter aus der Form und hängst es draußen auf.

TIPP

Du kannst auch einen Kranz aus Birkenzweigen binden und mit Hilfe von Naturbast einen Apfel hineinhängen.

TIER-WEIHNACHTSBAUM

Du brauchst:

- kleiner Tannenbaum im Wald
- Äpfel
- Karotten
- selbstgemachtes Vogelfutter (siehe Rezept auf Seite 111)
- Naturschnur oder -bast

1 Am besten fädelst du die Äpfel und Karotten schon zuhause auf.

2 Schmücke deinen Baum, sodass die Mäuschen an die unteren Leckereien herankommen und die Rehe und Vögel weiter oben naschen können.

3 Denke daran, nur Naturmaterialien zum Aufhängen zu benutzen und kontrolliere deinen Baum nach einigen Tagen, um eventuell Reste zu entfernen.

TIPP

Du kannst auch die selbstgemachten Christbaumkerzen von Seite 110 aufhängen, aber auch die solltest du später wieder entfernen, damit kein Tier zu Schaden kommt.

SCHNEEKUNST AM BAUM

Du brauchst:

- klebrigen „Pappschnee"
- möglichst dicken Baum

Eiskalte Deko. Forme Schneekugeln und klebe sie mit etwas Druck an den Baum. Lass deiner Fantasie freien Lauf: du kannst Gesichter, Spiralen, Mandalas und alles, was dir sonst noch einfällt, an den Baum kleben.

SCHATZSUCHE IM EIS

Du brauchst:

- Schätze, die du im Wald gefunden hast, z.B. kleine Beeren, Nüsse, Zapfen oder auch ein kleines Weihnachtssternchen
- Eimer oder eine Schüssel
- Schutzbrille
- Hammer

1 Möchtest du jemanden mit einer ganz besonderen Weihnachtsüberraschung aus dem Haus locken? Dann friere dein Geschenk in einer Plastikschüssel oder einem Eimer ein. Das Geschenk kann ein Waldfundstück sein, ein Gummitier oder ein Zettel mit einer lieben Nachricht. Wenn es draußen kalt genug ist, stellst du die mit Geschenk und Wasser gefüllte Schüssel nach draußen, sonst ins Gefrierfach.

2 Am nächsten Tag legst du den Eisschatz nach draußen. Der Beschenkte kann mit einem Hammer das Eis zerschlagen und das Geschenk aus dem Eisblock lösen. Schutzbrille auf, los geht's!

QUIRL SCHNITZEN

Du brauchst:

- Tannenbaumspitze
- Säge
- Schnitzmesser
- Schleifpapier
- Öl
- Handbohrer

1 Säge die Tannenbaumspitze nach dem Weihnachtsfest ab. Du kannst sie aber auch mit einer Gartenschere abzwicken. Kürze alle seitlich abstehenden Zweige auf 5 cm. Als nächstes entfernst du die Rinde und Nadeln und schmirgelst den Quirl schön glatt.

2 Wenn du möchtest, kannst du deinen Quirl mit etwas Olivenöl einreiben und ein Loch zum Aufhängen in den Stiel bohren. Jetzt kannst du damit Sahne schlagen oder eine Soße rühren.

Variante: Zwergenkarussell

Statt in einen Quirl kannst du die Baumspitze auch in ein Zwergenkarussell verwandeln. Schraube dazu den Stamm auf eine Baumscheibe. Befülle sechs Schneckenhäuschen (alternativ Walnussschalenhälften) mit Märchenwolle und einer Zipfelmütze aus Bastelfilz. Fädle die Schneckenhäuschen auf Bast und hänge sie an die Zweige.

TANNENBAUM AUS SCHACHTELHALMEN

Du brauchst:

- Schachtelhalm, gepresst
- Klebstoff
- Pflanzen- oder Wasserfarben
- Leinwand

Klebe den gepressten Schachtelhalm auf eine Leinwand und male Weihnachtsbaumkugeln, Kerzen und Sterne dazu. Fertig ist der Gruß zum Christfest.

WINTERPICKNICK

Spurensucher finden eine Übersicht von Fuß-, Huf- und Pfotenabdrücken (sogenannten Trittsiegeln) auf dem Vorsatz, ganz vorne im Buch.

Der frische Schnee lockt hinaus in die Winterwelt. Stehe ganz früh auf, dann kannst du im Wald die meisten Tierspuren entdecken. – Und vergiss dein Picknick nicht!

Damit das Picknicken Spaß macht, solltest du nicht frieren. Unterwäsche aus Merinowolle hält besonders warm. Achte auf gutes Schuhwerk und vergiss Schal, Handschuhe und Mütze nicht! Solltest du trotzdem frieren, hilft Bewegung. Das geht gut, wenn man zusammen Spiele macht.

Als Sitzgelegenheit eignen sich Felle, Isomatten oder ein Rodelschlitten. Nimm eine Thermoskanne mit heißem Tee oder Kakao mit. Oder du kochst dir im Wald den Tannenspitzen-Punsch von Seite 117. Waldläufer, die Lagerfeuer-Erfahrung haben, können über den Flammen Würstchen grillen oder Stockbrot rösten. Wenn du ohne Eltern unterwegs bist, bleibt das Feuer aus. Dein Vesper sollte dann in jedem Fall mit Handschuhen essbar sein. Kekse oder Rührkuchen eignen sich also prima.

TIPP

Mach Fotos von den Tierspuren, dann kannst du sie zuhause bestimmen. Oder du nutzt die Bilder als Grußkarte für einen anderen Fährtenleser.

TANNENSPITZEN-PUNSCH

Zutaten:

- 2 Handvoll Tannentriebe/ Spitze der Zweige
- Ingwer
- Ahornsirup, Honig oder braunen Zucker
- Topf
- Apfel, kleingeschnitten
- Bio-Zitrone, in Scheiben

So wird der Punsch zubereitet:

Aus Tannenzweigspitzen kannst du dir einen leckeren Punsch kochen. Sammle ein paar Handvoll der hellgrünen, frischen Spitzen. Erhitze Wasser in einem Topf, zusammen mit ein paar Apfelstückchen, Ingwer und Zitronenscheiben. Gib dann die Tannenzweigspitzen dazu und koche alles ca. 15 Minuten lang. Zum Schluss kannst du deinen Tannenspitzenpunsch mit braunem Zucker, Ahornsirup oder Honig süßen.

Du kannst den Punsch auf einer Feuerstelle oder Zuhause auf dem Küchenherd kochen – er schmeckt überall sehr lecker!

TIERE IM WALD

Inhalt – Tiere im Wald

EICHHÖRNCHEN

So flink und geschickt turnt kein anderes Tier in unseren Wäldern durch die Baumkronen. Sie können bis zu fünf Meter springen! Die Eichhörnchen sind sehr kluge Tierchen und lernen viel von ihren Eltern. Eichhörnchen haben ständig Hunger und legen fleißig Vorräte für den Winter an. Sie können durch die Schale erschnuppern, ob eine Nuss noch gut und somit essbar ist.

Eichhörnchen mögen es gemütlich sie legen sich kleine Baumhäuser an, die sogenannten Kobel. Ihre Häuser polstern sie mit Moos und Haaren aus. Wenn sich Eichhörnchen bedroht fühlen, rennen sie spiralförmig den Stamm auf und ab. *(Einen Kobel kannst du auch selbst basteln, siehe Seite 84)*

FUCHS

Rüde und Fähe gelten in vielen Geschichten als listig und klug. Sie haben eine extreme Anpassungsfähigkeit. Füchse können in fast jeder Umgebung leben. Tagsüber verstecken sie sich im Gebüsch und in der Nacht gehen sie auf Jagd. Sie sind nicht wählerisch: Auf ihrem Speiseplan stehen Regenwürmer, Früchte, Kaninchen und Mäuse.

Bei schlechtem Wetter oder auch zur Familiengründung zieht sich der Fuchs in seinen „Bau“, eine Höhle unter der Erde zurück.

HIRSCH

Hirsche sind am aktivsten in den Dämmerungen. Dann kannst du sie an Waldrändern beobachten. Verhalte dich ruhig, denn der Hirsch ist ein Fluchttier. Vor ca. 200 Jahren gab es in all unseren Wäldern Hirsche. Das Geweih ist so etwas wie das Markenzeichen des Hirschs. Im Herbst beginnt die Brunftzeit. Dann sucht der Hirsch eine Hirschkuh und markiert sich mit starken Duftmarken. Diese sind so intensiv, dass sogar wir Menschen sie riechen können. Es gibt immer nur einen „Platzhirsch". Wenn sich ein anderer Hirsch nähert, kommt es zum Kampf, der schwächere Hirsch verlässt das Revier. Der Hirsch ernährt sich von Kräutern, Blätter und Knospen. Hirsche sind Wiederkäuer.

REH

Das Reh lebt in unseren Wäldern als Einzelgänger. Nur im Winter bilden die Ricken und Kitze Gruppen, sogenannte „Sprünge". Eshat einen ausgeprägten Geruchsinn und erschnuppert seine Feinde auf eine Entfernung von 300 Metern. Über Duftdrüsen an der Stirn und oberhalb der Hufe markiert der Bock sein Revier. Der weiße „Spiegel", ein Fellfleck am Po, dient dem Reh zur Warnung bei Gefahr.

Rehe und Hirsche gestalten den Lebensraum Wald stark. Oft fressen sie ganze Jungbaum-Aufforstungen kahl. Durch das Schlagen ihrer Hufe ebnen sie den Boden und schaffen so Platz für Kiefer- oder Birkensamen. Das ausgefallene Winterfell dient Vögeln zum Nestbau, die bei den jährlichen Geweihwechseln anfallenden Hornstücke erfreuen kleine Nager.

WALDMAUS

Die kleine Waldmaus erkennen wir ganz gut an ihrem braunen Fell und den großen Augen. Sie wiegt nur etwa 20 Gramm! Sie ist ein Allesfresser. Die Waldmaus zählt zu den am häufigsten vorkommenden Säugetieren Europas. Eine Waldmaus kann vom Frühling bis zum Herbst bis zu 20 Junge bekommen. Sie ist eher in der Nacht aktiv und sammelt dann unermüdlich Vorräte für den Winter.

Der Mäuseblick

Legt Euch mal ganz leise mit dem Bauch auf den Waldboden und versucht die Welt aus der Sicht der Maus zu betrachten.

WALDKAUZ

Auf der Suche nach seiner Lieblingsspeise, der Waldmaus, schwebt der Waldkauz nahezu lautlos über die Wälder. Mit Hilfe seiner guten Augen und seines scharfen Gehörs entdeckt er leicht seine Beute, auch wenn diese sich gut am Waldboden tarnen kann. Selbst mit einer Flügelspannweite von fast einem Meter ist der Vogel auch im dichtesten Wald sehr wendig. Der Waldkauz ist die meistverbreitete Eulenart in Deutschland. Wenn er sich wohlfühlt, ist er sesshaft. Er lebt also immer am selben Ort. Er kann fast 20 Jahre alt werden.

WALDAMEISE

Die Waldameise baut am liebsten an sonnigen Stellen in nicht zu dichten Wäldern mit Kiefern- oder Fichtenbeständen ihre hohen Ameisenhäufen, die mindestens ebenso tief in die Erde reichen. Sie wärmt sich in der Sonne auf und trägt die Wärme in den Ameisenhaufen. Dadurch herrscht dort eine Temperatur von bis zu 30°C.

Ein Ameisenstaat besteht aus bis zu einer Million Ameisen. Die Königin ist die Mutter all ihrer Ameisen. Ihre Aufgabe ist das Eierlegen, ihre Töchter, die Arbeiterinnen kümmern sich um den Rest. Die Ameisen leben, wie die Bienen in einem Staat, in dem jede Ameise spezielle Aufgaben im Interesse der Gemeinschaft übernimmt. Die Arbeiterinnen haben kräftige Kiefer und können das 40-fachen ihres Körpergewichts tragen. Die Königin kann bis zu 20 Jahre alt werden. Im Sommer herrscht Hochbetrieb im Ameisenstaat, denn die Arbeiterinnen müssen jährlich bis zu 28 kg Insekten und 200 Liter Honigtau heranschaffen, um das Volk zu ernähren.

Über 150 Pflanzenarten verdanken den Ameisen ihre Verbreitung. Dazu wenden die Pflanzen einen Trick an: Da Ameisen Süßem nicht widerstehen können, tragen manche Samen ein zuckerhaltiges Anhängsel. Wegen dieses Schmankerls transportieren die Ameisen diese Samen besonders gerne. Die Ameisen legen sich keinen Wintervorrat an, sondern futtern sich ein Fettpolster an.

Das Nahrohr

Um die Ameisen gut beobachten zu können, kannst du ein „Nahrohr" verwenden: eine Pappröhre. Gehe mit deinem Rohr dicht an den Ameisenhaufen heran und beobachte die Tiere durch das Rohr. Durch den eingeschränkten Blickwinkel kannst du dich gut auf eine Ameise konzentrieren. Achte darauf, dass die anderen Ameisen dir nicht am Bein hochklettern. Ihre Bisse sind sehr unangenehm!

BLIND-SCHLEICHE

Sie sieht aus wie eine Schlange, gehört aber zu den Echsen. Die Blindschleiche hat im Gegensatz zur Schlange Augenlider und reagiert auf Licht – sie ist also nicht blind! Sie hat außerdem wie Eidechsen einen Schwanz, der leicht abgeworfen werden kann.

Die Blindschleiche ernährt sich hauptsächlich von Spinnen, Nacktschnecken und Insekten. Den Winter verbringt die Blindschleiche in Kältestarre in einem Gemeinschaftswinterquartier unter der Erde. Gewusst? Das Blinken ihres silberglänzenden Körpers hat ihr ihren Namen gegeben. Aus dem „blinkenden Schleicher" ist sprachlich die Blindschleiche geworden.

WILDSCHWEIN

Vor mehr als 10.000 Jahren haben sich die Menschen das Wildschwein als Haustier nach Hause geholt und daraus das Hausschwein gezüchtet. Heute haben wir oft nur die Gelegenheit das Wildschwein in Tiergehegen zu besichtigen. Mit seinem borstig, schwarzen Fell ist das kluge und urige Tier sehr tarnfähig. Wildschweine können ausgezeichnet im Dunkeln sehen. Damit seine Augen im Dunkeln und bei Flucht nicht verletzt werden sitzen sie tief in der Knochenhöhle des Kopfes. Die scharfen Eckzähne, die Hauer, können bis zu 20 cm lang werden. Wildschweine lieben es, sich in Schlamm zu suhlen, um Parasiten zu vertreiben und reiben sich dann an Baumstämmen, das nennt man „malen". Wildschweine leben in festen Gruppen, den Rotten, die vom ältesten Weibchen, der Leitbache angeführt werden. Die männlichen Keiler leben oft alleine.

Julia Hansen ist Mutter zweier kreativer Jungs und liebt es den Wald mit ihrer Familie zu erkunden. Auch durch ihre Erfahrung als Gruppenleitung im Kindergarten und der Leitung diverser Waldgruppen und Pfadfindergruppen, weiß sie wie wichtig es ist, Kindern früh einen Bezug zu der heimischen Natur zu ermöglichen und ihrem Entdeckerdrang freien Lauf zu lassen. Ganz nach dem Motto, nur was man kennt und liebt weiß man auch zu schätzen und zu umsorgen.

Vielen Dank an meine Familie, die mich bei den vielen Waldspaziergängen begleitet hat, und immer wieder bereit war, neues auszuprobieren, und mich mit ihren Fragen und Beobachtungen bestärkt hat. Einen lieben Dank auch an die vielen Freunde, die uns bei den Fotoshootings zu jeder Witterung in den Wald begleitet haben. Der größte Dank gilt den geduldigen Kindern Johan, Marie, Agnes, Ben, Nick, Greta, Ada, Helena, Charlotta, Charlotte, Luis, Leni, Pheleas, Aurelia, Karlsson, Lasse, Milena, Lars, Jakob, Annelie, Frieder, Nikolas, Liam, Joshua, Lennard und Maximilian.

Der Freischaltecode lautet:
18150

IMPRESSUM

MODELLE/IDEEN: Julia Hansen

FOTOS: frechverlag GmbH, 70499 Stuttgart; **Michael Ruder**, Stuttgart (alle Fotos außer nachstehende); **Berit Hansen-Weiler**, Stuttgart (S. 30, 24); **Olaf Hansen**, Stuttgart (S. 117, 122, 49, 82 64); **shutterstock**: Eric Isselee (S. 8, S. 20, S. 42,S. 50, S. 74, S. 88, S.106, S. 77, S. 83, S. 87, S. 119 Eichhörnchen, S. 120 Hirsch, S. 121 Maus, S. 123 Wildschwein); Valeria Vechterova (S. 16 Tierspur); Lubava (S. 16 Lamellenpilz); Ermak Oksana (S. 16 Röhrling); KrimKate (S. 20 Blatt); Quang Ho (S.20 Löwenzahn); Nyvlt-art (S. 20, S. 21, S. 42 Schneckenhaus); Lopatin Anton (S. 20 Buschwindröschen); Henrik Larsson (S. 20 Leberblümchen); domnitsky (S. 20, S. 99 Moos); Bahtiyar Ugur (S. 21 Zapfen); By M. Schuppich (S. 29); Leonid Ikan (S. 42 Gänseblümchen); irin-k (S. 42 Marienkäfer); Beautiful landscape (S. 42 Käfer); khlungcenter (S. 42 Ameise); Scisetti Alfio (S. 42 Sauerklee, S. 74 Bucheckern); Dewin Indew (S. 42,98 Farn); Whiteaster (S. 64); By InspiringMoments (S. 65); ChWeiss (S. 66); Irina Markova (S. 68 Birkenwald); Kolde IT (S. 70); Ellen McKnight (S. 71); Lukas Gojda (S. 74 Fichtenzapfen); Annaev (S. 74 Pilze); George3973 (S. 74, S. 78 Eicheln); By Spayder pauk_79 (S. 74 Kastanien); By Arie v.d. Wolde (S. 94 Fliegenpilz); Superlenny (S. 95 Parasol); HildaWeges Photography (S. 100 Mistel); KraFoto (S. 102 giftiger Efeu); Shutternelke (S. 102 Herbstzeitlose); I. Rottlaender (S. 102 Aronstab); Eder (S. 103 Seidelbast); Trambitski (S. 103 Schierling); Erich Teister (S. 103 Tollkirsche); HABRDA (S. 106 Eiszapfen); Nik Merkulov (S. 106 Baumrinde); EM Arts (S. 106 Kieferzapfen); Binimin (S. 106 Ast); Ngukiaw (S. 106 Wurzel); Alena Ohneva (S. 106, S. 107 Tannenzweig); Stone36 (S. 106 Eis); Marta Teron (S. 106 Fichtenzapfen); Jim Cumming (S. 119 Fuchs); WildMedia (S. 120 Reh); Winston Link (S. 121 Waldkauz); Cristina Romero Palma (S. 122 Ameise); Frank Neugebauer (S. 123 Blindschleiche); **freepik**: S. 17; S.20 (Feder, Stein, Spinnennetz); S. 31 und S. 74 (Walnuss); S. 42 (Stein, Waldbeere, Specht); S. 74 (rotes Blatt, gelbes Blatt); S. 78 (Steine, Blätter, Zapfen); S. 95 (Flechte); S. 98 (Mädesüß); S. 102/103 (Sadebaum);

ILLUSTRATIONEN: shutterstock Illustrationen: owatta (S. 13, S.16 Lupe); Polina Valentina (S. 14, S. 17, S. 32, S. 45, S. 48, S. 75, S, 109, 115); **freepik** Illustrationen: alle restlichen;

PRODUKTMANAGEMENT: Mirjam Buchwald

LEKTORAT: Mirjam Buchwald, Anja Klett

COVERGESTALTUNG: Sandra Preinl

LAYOUT UND SATZ: Konstanze Laue

DRUCK UND BINDUNG: Neografia, Slowakei

1. Auflage 2020

ISBN: 978-3-7724-8458 Best.-Nr. 8458

Unser Service für Sie:

Wenn Sie Fragen zu den Anleitungen in diesem Buch haben, schreiben Sie einfach eine E-Mail an:

mail@kreativ-service.info.

Wir helfen Ihnen gerne weiter.

BUCHEMPFEHLUNGEN FÜR DICH

NOCH MEHR SPANNENDE BÜCHER ZUM GLEICHEN THEMA GESUCHT?

ISBN 978-3-7724-8423-0

ISBN 978-3-7724-8460-5

ISBN 978-3-7724-8483-4

ISBN 978-3-7724-8422-3

ISBN 978-3-7724-7653-2

ISBN 978-3-7724-4268-1